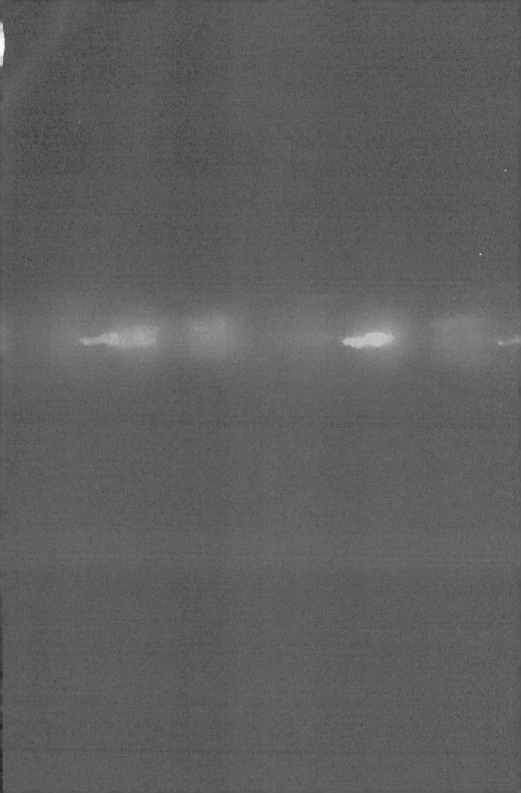

獻給我偉大的心靈導師瑪莉安・威廉森與 Gurmukh Kaur Khalsa，
謝謝你們提醒我，原來在你們身上看到的光芒，是我自身的反射。

目錄

| 第 1 章 | 信念

|第 2 章| 平靜

| 第 3 章 | 愛

|第4章| 身體

|第5章| 行動

| 第6章 | 宇宙

從「調頻」到「召喚奇蹟之路」

心靈作家　柚子甜

在翻開這本書之前,我沒有想過自己會這麼喜歡。

平常在身心靈領域,我是一位推廣所謂「調頻」的作者。因為人類有限的視角,往往根本不知道自己要什麼,每天像是有所追求地活著,實際上背後卻是被貪婪和恐懼所控制。在這個過程中,我也慢慢發現,一旦人將自己的頻率調整好,就能和宇宙合作,引領我們開展出意想不到的幸福人生。這中間所做的種種努力,就被我稱之為「調頻」。

調頻有多種方法,而這本《用願力召喚奇蹟》裡面提供的108種方法,顯然就是集其大成。作者引用了《奇蹟課程》和昆達里尼瑜伽作為系統,分享了很多照顧生活各個方面,包括身體、精神、人際關係等議題。非常具有靈性,也非常接地氣。

即使我已經很熟悉各種層面的調頻,在這本書中仍舊學到很多很有用的方法,其中我最喜歡的是,身為一位靈性探索

者，到底該用什麼態度來面對網路的霸凌。

我曾經也以為，如果自己的修行夠好，就應該要能容忍和包容一切，用最大的善意，去回應那些不請自來的傷害言論，但結果卻是把自己搞得元氣大傷，反而沒有力氣去照顧那些愛我的人。

然而，這本書提供我一個新的建議：「原諒，然後按下刪除鍵。」

原諒的頻率，會讓我們產生同理心，也不會啟動防衛的姿態。而刪除呢？作者說：「把清除這些惡意資訊和留言，當作每天的例行工作，就像清除電腦裡的垃圾郵件一樣，不需要留下負面評論。」這樣做是一種自我保護。

當我看到這段話時，內心浮起第一個念頭竟然是：「真的可以這樣嗎？這樣做會不會得到『修為不夠』或『怎麼這麼小心眼』之類的批評？」

然後，下一秒我就意識到，在靈性之路上，我是多麼嚴苛地要求自己完美。收到有傷害的評論時，要求自己的反應要得體完美，連內心的反應都要完美。即便是保護自己不受更多傷害時，還會擔心這樣做不夠完美。

這本書在我受困於「完美」的自我折磨時，為我指出另一個方向——我可以心懷慈悲地保護自己，甚至在無法放下的時候，祈禱自己可以原諒，並就此放下。並不是要無條件地對批

評忍耐、解釋、包容和溫柔，才能稱得上是靈性修行。

看完本書後，我相信無論你我現在處於什麼階段，都能從中獲得極大的益處。即便已經走上靈性修行，也可能內心有許多衝突，或者和我一樣對自己有過多的苛求，還以為這是「正確」的。而本書會提供一些線索，讓我們和自己和解，轉化成更輕盈透澈的頻率，走上以願力召喚奇蹟之路。

無所不在的靈性力量

《祕密》系列譯者、《失落的致富能量卡》作者　**王莉莉**

　　在現代社會的快節奏生活中，我們常常感到疲憊、焦慮，甚至迷失了自我。隨著科技的進步與物質的豐富，我們內心的平靜與滿足感卻似乎越來越遙不可及。

　　由大師級的瑜伽修行者兼靈性導師Yogi Bhajan其忠實信徒嘉柏麗・伯恩斯坦所撰寫的《用願力召喚奇蹟》，如同一盞明燈，照亮了我們心靈的角落，指引我們走向內心的寧靜與智慧。

　　透過本書，我們得以認識古老的昆達里尼瑜伽，啟迪我們如何在日常生活中創造奇蹟，並發現那無所不在的靈性力量。

　　在本書中，作者以簡明的語言、豐富的實例，透過8大主題、共108個技巧，和108則奇蹟訊息，讓讀者體會到靈性修行並非遙不可及的夢想，而是可以落實於日常生活中的真實體驗。例如第12：「面對E世代的攻擊行為──網路霸凌」、第14：「『換個錢包』，吸引富能量。」讀到這兩段時很有既視

感，因為這也是我這一年來的真實體驗。這兩段的奇蹟訊息分別為：「對付網路霸凌的SOP，就是原諒，然後按下刪除鍵。」「珍視你的財物，財物也會尊重你。」

書中也詳細闡述昆達里尼瑜伽的修行方法，包括呼吸控制、冥想、手印和梵唱等多方面的實踐。這些方法不僅可以提升身體健康，更能喚醒我們內在的潛能，帶來心靈的安寧與智慧。每個人都擁有無限的可能性，通過持之以恆的修行，我們可以釋放這些潛能，創造出屬於自己的奇蹟人生。

透過本書，我們能充分領略到Bhajan大師的教導充滿了愛與智慧，以及慈悲心的重要性，提醒我們在追求個人成就的同時，也不忘關愛他人，貢獻社會。這些智慧之言，不僅給予我們力量與勇氣，更讓我們明白，靈性修行並不是逃避現實，而是要更積極、更明智地面對生活中的一切。

身為《祕密》系列的譯者，我深知心靈力量的巨大影響力，本書正是那種能夠深深觸動我們心靈的靈性寶典。它教會我們如何在喧囂的世界中找到內心的寧靜，如何在困難面前保持積極的心態，如何在日常生活中創造屬於我們的奇蹟。

在此，我誠摯推薦這本書給所有渴望靈性成長、追求內心平靜的讀者。讓我們與被歐普拉譽為「新時代靈性運動領袖」的伯恩斯坦，一起探索那無所不在的靈性力量，成為生活中的真正主人。

108 個心靈練習，釋放 108 種煩惱

左西人文空間創辦人　**陳盈君**

　　近幾年變動與不安、繁忙與壓力不斷增加的現代社會，讓我們常常感到疲憊不堪、內心焦慮，對於未來充滿了不確定性。很開心《用願力召喚奇蹟》新版問世。這本書不僅是心靈成長的指南，更是幫助你重拾快樂與平靜的良伴。

　　書中涵蓋了 108 個心靈練習，也對應了釋放 108 種煩惱，讓人得以轉化並圓滿生命能量。每一個練習都是為了讓你能在繁忙的生活中找到片刻的寧靜，提升內在的力量。

　　這些練習分為六大主題，每一個主題都提供了實用的技巧和深刻的智慧。

　　「信念」主題強調，快樂是一種選擇，你害怕的事情大多不會發生。書中建議在手上戴橡皮筋來彈掉攻擊性念頭，並強調心靈夥伴的力量。火呼吸能幫你吸入正能量，而表達想法則需要勇氣。向小孩學習和珍惜自己，也能讓你獲得全世界的重

視。參加支持性社群，能讓大家一起變得更好。幸福的約會冥想則能召喚幸福。

「平靜」主題教導你如何感受脈動，找回專注力，妥善處理怒氣，並利用正能量的洗腦歌和背包式冥想呼吸法來與壓力做朋友。這些方法能幫助你治癒上癮，療癒負面事件引發的不安，並學會拒絕不好意思拒絕的人生。

「愛」主題鼓勵你用念力傳送祝福，將愛傳出去，並進行感恩練習。在慈悲的眼裡沒有敵人，愛是你生活的目的。從親密關係中能學習成長，付出愛時就沒有恐懼。

「身體」主題包括利用一分鐘克服舞台恐懼症，關機好好睡一覺，以及敲打法釋放負面情緒等練習。這些方法能幫助你每天從踏出正確的第一步開始，翻轉緊張，緩解負面情緒，提升免疫力，並快速補充能量。

「行動」主題則強調自助而後人助，洗耳恭聽，也鼓勵你把讚美說出口，戒掉不良習慣，開始去做，並在面對他人質疑時證明自己。尋找內心的真誠力量，繼續往前走，從容不迫地快樂學習。

「宇宙」主題提醒你永遠有個更高的力量在指引你，讓自己超越受害者心態，每天清除負能量，並讓宇宙成為你的助力。上天自有最好的安排，讓生活充滿儀式感，與宇宙交談，改善記憶的靈性力量。

最後，「臣服」主題教導你饒過自己，從原諒自己開始學習寬恕，釋放童年累積的憤怒，允許自己感受各種負面情緒，並擁抱不完美的自己。

《用願力召喚奇蹟》這本書不僅提供了眾多實用的心靈練習，更帶給我們無限的啟發與感動。每一個練習都是一次自我探索與成長的旅程，透過這些練習，我們可以釋放壓力，獲得內心的平靜，並找到真正的快樂與幸福。

當你感到疲憊或迷茫時，這本書會是你最好的朋友。無論是在忙碌的工作日還是寧靜的周末午後，打開這本書，讓它帶領你進入一個充滿愛與光的世界。你會發現，奇蹟其實無所不在，只要你願意打開心扉，迎接生命中的每一個美好瞬間。

讓我們一起透過這本書，打開內在的力量，轉化生命的能量，召喚屬於我們的奇蹟吧！

每個人都能創造奇蹟

夢行者 Rasta Wang　**王大喜**

　　這本書奇妙地與我近期的生命歷程共時，表達了如同作者發現的：所見的世界已死，而我們相信並且奉行的一切，正在以蝴蝶效應的共同願力創造而出。過去、現在、未來，同時存在。

　　書中提出的諸多想法，與我所推廣的理念不謀而合。例如，奇特而難以想像的火呼吸法，便是以全然不同的觀點，詮釋了我在YouTube紀實發現「運火下行；即運水上行」中，曼德拉夢境地圖的另一個全新視角。「快樂與念力」即是我在獨立出版作品中不斷推廣「信念與希望」對集體意識的正面引導力量。「釋放童年所累積的憤怒」則是我所推廣的「覺明印」。

　　本書以作者個人親身經歷與發現，有溫度地記錄了一個在黑暗中找到光芒，並且穿越恐懼，引領發現生命價值與種植希望的珍貴過程。

調理身心靈的速效處方箋

光音仙境頌缽音療創辦人、昆達里尼瑜伽資深老師　**楊寧芙**

這是一本非常符合現代人學習效率的書籍。

在各種社群、自媒體蓬勃發展、資訊爆炸的時代，人們傾向於用精簡快速的方式，去得到各種生命的答案。

翻開這本《用願力召喚奇蹟》，書中的108種心靈練習，每個主題都是人們常面臨的狀態：如何面對網路霸凌、睡眠不足時怎麼快速補充能量、如何面對憤怒或治癒上癮、召喚幸福的約會冥想、增加流通及接收富足的方法⋯⋯作者清晰又簡練地書寫了人們常面臨的生活情境，並提出容易實踐的身心靈練習。

筆者從事身心靈工作這十幾年來，學習過多種課程。多數課程皆所費不貲，教導了幾個核心心法與對治工具。在這本書裡，可以感受到作者必然也學習過許多新時代課程，但透過她的實修，整合了這些教導與工具，無私、精確又直接地給予。

如果要我用一句話來介紹這本書，我會說：它是一本實用

的身心靈常見狀態快速處方寶典。書中所寫的情境，你我可能都經歷過，但作者用明快直接的方式，讓我們知道可以怎麼做；而且僅僅是翻閱目錄的小標題，以及每一篇章的奇蹟訊息，就能備受鼓舞。

活出令你怦然心動的靈性生活

作家、身心靈 Youtuber　**艾波**

　　過去是以勞力交換金錢，現在是以內容交換內容，未來則會是以頻率交換頻率的時代。

　　頻率與心情有關。你是否把自己照顧好，再去照顧和在乎別人？你是否能和委曲求全、壓抑逃避，但具有攻擊性的自己和解，知道這只是一部分的你？理解自身內在的保護機制，並放下這樣的自我保護，是現代人的功課。

　　過去的我不敢表達自己真正的想法，總是無意識地討好身旁的人，即便是自己不想談論的話題，卻還是習慣性地接話。對於不想答應的要求，為了周全一切卻仍口是心非地接受。我不知該如何堅定自己的立場，好好拒絕他人。因為過度共感的特質，我逐漸失去了界線而感到越來越內耗，甚至內疚，我天真地以為所有人的喜怒哀樂都與自己有關。

　　幸而在日後，我終於踏上覺醒之路，展開了諸多嘗試。

　　本書作者分享的108種心靈練習，也有不少是覺醒已達五

年的我會使用的方式。我把自己當成白老鼠，驗證方法是否有用、在什麼情況下有用、多久會讓我感到自在……等。在練習的過程中，我發現內在的治癒，是無法像考試一樣硬邦邦、工作一樣急匆匆地，更不會有所謂的KPI。我們只要知道自己一點一滴在進步，信任生命會自然流動，無須特別去操控什麼，至少在這裡不管用也不需要，我們會看到生活中或大或小的奇蹟正在不斷發生。

當智慧打開了以後，也要明白並允許世界上有一半的人是墮落的，但我們必須尊重他們想要體驗的旅程，如此才是真正的愛，而不是你自以為是的拯救。你覺得好、我覺得沒問題，那一切就OK啦！

你可以是快樂的幸運兒，也可以成為身處悲慘世界的可憐蟲，一個人的生活樣貌，能反映他的心境與修為是成長、停滯還是後退的，這件事一目瞭然，了了分明。

值得慶幸的是，翻開這本書的你已經開始覺醒，你的重生之日就從今天開始，因為新的思想及生活習慣即將讓你變得不一樣。請你利用這本書介紹的方法，將之輕鬆地融入生活中，比如書寫讚美日記或感謝筆記，又或是練習任何一種呼吸法、瑜伽……等，視情況隨機使用。活出令你怦然心動的靈性生活吧！

奇蹟，無所不在

「我不相信奇蹟，而是依賴它們。」

—— Yogi Bhajan

近年來，我們所累積的負面能量和恐懼，已經對經濟、環境和全人類的健康產生了有害的影響。由於日新月異的科技、全球暖化、金融危機、暴力犯罪、政治動盪不安和行星移轉，我們對於環繞在周遭的能量變化和生命移動的腳步越來越敏感。

我們所處的世界運行速度正在加快中，以至於我們無法駕馭發生在我們身上的改變。這種時時刻刻存在的緊張感會讓人覺得很不舒服，對許多人來說甚至是快無法承受了。如果沒有清楚的方向，我們會對人生目的、人際關係和如何與世界產生連結感到迷惘。

但此時我們也正處於一個特別且有力的位置，因為這個世

界正在覺醒，我們不能再自覺渺小，或者對正在發生的改變視而不見。謊言已經浮上枱面，真相已經無法隱藏，甚至連憤世嫉俗的人都跑去練瑜伽，重視心靈成長的陣容也越來越浩大。強大的使命召喚著許許多多的光之工作者，現在，正是我們提升自己並帶給世界更多正面能量的時刻。當社會大眾接收到愛的能量，這個世界就不會再充滿戰爭、暴力和謊言。

本書教我們應對日常所面臨諸如壓力、疲憊、沮喪、嫉妒、憤怒等負面情緒的108個技巧。每個技巧都會剖析問題的根源，然後提供相對應的精神啟發，以及利用冥想或呼吸等行之有效的改善方法。同時我也融入昆達里尼瑜伽中撼動人心的心靈真理，以及在《奇蹟課程》一書中所提到的靈性觀點。

對於身為《奇蹟課程》的學生和老師，同時也是練習昆達里尼瑜伽和冥想的我來說，把這些可改變生命的靈性真相傳遞給有需要的人，就是我的使命。本書最希望能告訴大家的就是：透過對內心的觀照和寬恕，我們將會克服恐懼，獲得內心的平靜。如果我們選擇以愛來克服恐懼，那麼奇蹟就會發生。

當我們釋放壓力時，也能幫助其他人釋放他們的壓力。想想看，如果我們帶著瀕臨崩潰邊緣的身心走進一個空間中，跟我們身處於同個空間的人，不管是家人、同事或朋友，甚至陌生人，都會感受到我們的緊繃，也跟著不自在起來。但是如果

你是帶著平靜無波的心情走進一個空間，會自然流露出悠然和輕鬆，而這份閒適也會傳送給你周遭的人，雖然很可能他們並沒有察覺到。

能量所產生的力量遠超過你的想像，在你所說的話語，在你的電子郵件，以及在你的身體裡都存在著能量。當我們以恐懼和低階的能量來處理生活時，這樣的思想和能量是可以污染整個世界的。反之，如果我們以正能量處世，就會被積極的能量包圍。恐懼和愛是無法同時存在的。我們必須對自身的能量負責，我們必須學會以愛來消除所有的限制，如此一來，將能提升我們周遭的能量磁場。

身處匆忙的現代社會中，人們需要快速又有效的方式遠離壓力和恐懼，因為我們沒有時間每天做一個小時的瑜伽，或是冥想三十分鐘來消除焦慮。所以，書中每個技巧的文章篇幅多半不長，為的就是要使讀者容易閱讀、消化與實行，就算你只能做一分鐘的練習也沒問題。

在每個技巧結尾則有簡短的奇蹟訊息文字，各位可以在網站或社群媒體上轉貼分享。在《奇蹟課程》裡曾說：「超過兩個以上的人以愛之名聚集在一起，奇蹟就會發生。」沒有比跟從「愛」更好的追隨了。為了讓我所教導的這些練習能惠及更多人，我將各位定位為「奇蹟使者」，當你閱讀本書，或關注別人的分享而受到啟發，不要忘了也要轉傳出去。

在你練習書中的技巧時，恐懼將會消失，啟發會隨之升起，然後產生平靜的感覺。最重要的是，你將建立起和內在力量的連結，而這個連結是最基本的力量和感受，也就是我所說的「愛」。當愛匯聚成一股強大的潮流與力量時，就沒有戰爭和暴力存在的空間。相信我，你的每個練習都關乎這個世界的覺醒。每個人的能量都很重要。

　　本書中的技巧能幫你移除一直絆住你、阻止你前進的痛苦，讓你能騰出新的空間容納更多豐富而美好的人生體驗。這些體驗包含了人生的各個面向，像是人際關係、工作、財富、健康、安全感等。把這些簡單的方法融入你每天的生活中，會產生新的模式、突破舊有視野，你也將感受到奇蹟的力量。

　　在這段追尋心靈轉化的歷程中，請放棄執念，以開放的心胸面對所有的觀念和新知。我希望你們把每個技巧都至少做過一遍，給自己一個體會驚喜的機會，等全部都做過後再決定哪些方式比較適合自己。就算只保留一個技巧，但是每天都勤加練習也會日起有功，讓你產生神奇的轉變。

　　現在，就開始清除所有阻礙，清除焦慮，過著無懼的生活，展開奇蹟之旅吧！

專有名詞簡介

　　開始閱讀本書之前，在此先介紹一些書中常出現的專有名詞，能幫助你更迅速掌握內容的核心重點，在練習時也會更快上手。

昆達里尼瑜伽

　　昆達里尼由梵文Kundalini音譯而成，是瑜伽的一種學派。它融合古老瑜伽的各種元素，包括動作、呼吸、梵唱、手印和冥想五種練習，能讓人在短時間內達到運動、放鬆、強化脊椎與神經、淨化及提升靈魂層次的效果。

　　國外有許多名人都是昆達里尼瑜伽的愛好者，如：瑪丹娜、黛咪摩爾、冰島歌手碧玉等。

Yogi Bhajan

　　印度人，於一九六八年將昆達里尼瑜伽帶入美國的瑜伽大師，同時也是3HO（Healthy, Happy, Holy Organization）非營

利世界組織的創辦者。

梵唱（Mantra）

在某些宗教為念咒、箴言，在瑜伽裡稱為「唱誦」。

昆達里尼瑜伽有大量的唱誦，有針對保護的、內在平靜的、勇氣的、直覺力的、快樂的……等不同的作用。經由反覆的唱誦或唸誦，能去除心中的雜念，駕馭心意，達到自由解脫的頻率。

手印療法

古印度阿育吠陀體系認為，宇宙的每個粒子皆由火、風、空、地、水五種元素構成，人的五根手指分別代表構成整個宇宙的這五種元素。手印則是手指所持有的一些特定姿勢，這些姿勢有助於預防疾病，恢復健康。

《奇蹟課程》

哥倫比亞大學醫療心理系教授海倫‧舒曼與威廉‧賽佛共同完成的著作。根據海倫當時聽到一個「神祕聲音」，告訴她一些關於奇蹟的真理，以海倫口述、威廉筆錄的分工模式，於一九七六年出版成書。

第 1 章

信念

「如果一個人有足夠的信念，他就能創造奇蹟。」

——西格麗德‧溫塞特（Sigrid Undset）

挪威女作家，一九二八年諾貝爾文學獎得主

快樂，是我的選擇

每當被問及什麼是我在人生中學會最棒的一課，我的答案就是：「快樂，是我的選擇。」

大部分的人都誤解快樂的真義，以為快樂必須向外尋求，例如談個戀愛、找到夢想的工作，或者擁有完美的身材。然而這些都是有條件的快樂，也就是我們必須達到某種門檻，才能感到快樂。

財富、身分、權勢，所反映的是我們對外在世界所抱持的看法，這種錯誤的投射會形成一道無形之牆，讓人陷入盲目追求的陷阱裡，阻擋我們觸及真正的快樂。

我們快樂與否，完全是由自己的心智決定，因為心智會詮釋我們的經驗是痛苦或快樂。

快樂也是種本能，它是由內心創造，並非外來給予的。我們無須刻意追求快樂，只要提醒自己注意到它的存在。珍惜自己擁有的，即使是生活中的小事，也可以是快樂的來源。

這裡的第一個練習，將幫你了解「快樂需要有意識的改變」這個觀念。

要尋得快樂，可以藉由重複練習，改變自身的想法。天天都要選擇樂觀而非悲觀，以希望取代消極，將無聊和倦怠拋諸腦後。經常不斷練習新的模式，腦中神經傳導的路徑就會形成「快樂迴路」，並且固定下來。

每當我們為了更快樂而做出改變時，就是經歷了一次奇蹟。本書也是利用大量的練習法，讓大家體驗到只要勤加練習這些奇蹟訊息，改變就會自然發生。

與其問自己是否快樂，不如想想「怎麼做才會快樂」。快樂可以是主動的選擇，如果你想要，每天都可以過得很快樂。現在就「選擇快樂」吧！

別忘了，要與人分享你在本書中學到的奇蹟訊息，利用FB、IG、X、釘選（pinterest）、電子郵件等各種方式，把這份愛傳出去吧！

奇蹟訊息

人生有無法避免的痛苦，但你有選擇快樂的權利。

2

你害怕的事，百分之九十都不會發生

我在第一個奇蹟訊息裡，教大家了解我們可以選擇快樂。現在，我將讓各位認清自己是如何選擇讓恐懼凌駕於快樂之上，並藉此強化大家對第一個訊息的理解。

這個練習能幫助大家以不帶批評的客觀角度，觀察自身的恐懼。

現在，列出十個你最大的恐懼，然後仔細審視這些恐懼，誠實地看看它們如何掌控你的生活。（在本書中，把你的想法利用「列出清單」的做法整理出來，是很重要，也是經常出現的方式。因為當你把抽象的思維化為具象而實體的文字時，能釐清混亂的思緒，整理出符合邏輯的想法。）

接下來，寫下你認為這些恐懼會成真的理由，想寫多少就寫多少，但很重要的一點，就是你要誠實面對自己。你會發現，原來你的恐懼是源自過去多年來一再重複的經歷，又或是基於根本尚未發生的事情上。它們大多是因為我們不斷想著那

些令人膽戰心驚的念頭，而把假象當成真實所造成的誤判，正如英文FEAR₁這個字所顯示的意思一樣。

當你被這些虛幻的想像嚇到驚慌失措，當然就會終日惶惶不安，不停揣想未來究竟會發生什麼可怕的事，這樣反倒會讓你失去判斷力，導致真正的災難發生。

現在我要教你的技巧，將會引導你從焦慮衍生恐懼的胡思亂想中解放而出，並且讓不受控的心思安定下來。

這是來自《奇蹟課程》書中一段美麗的祈禱文，能給你勇氣與力量。每當你感到恐懼時，就大聲唸出這些祈禱文，並臣服於其中，讓這些文字的療癒能量進駐你的內心：

「請幫我把心中的恐懼拿出來，並為我審視，幫我判斷究竟是什麼原因造成的。

請教我如何才能不讓這種恐懼成為平靜的絆腳石。」

當你願意敞開心靈，就能和內在智慧產生連結，那可能是超乎你理解的神性智慧。就跟隨其引導，感知哪些是對自己有

1　譯註：恐懼的英文為FEAR，F代表 False，E代表Evidence，A代表Appea-ring，R代表 Real，四個字合起來為False Evidence Appearing Real，正好是「錯誤的證據變成事實」。

正面幫助的訊息吧！

　　現在，該輪到你去提醒別人仔細審視他們恐懼的時候了。

現在就開始傳遞今日的奇蹟訊息，散播正面的種子吧！

奇蹟訊息

我選擇從「愛」的觀點出發，用更溫暖和仁慈的方式看待恐懼，藉此緩解它對我的影響。

3

在手上戴橡皮筋，彈掉攻擊性念頭

人們之所以覺得不快樂的原因之一，就是我們的攻擊性念頭所致。

「攻擊」不一定是指對人做出暴力行為，或採取實質的破壞行動。像是自我批判，或是對他人的冷暴力等，都算是攻擊的一種形式。

人的每個念頭，都會成為建構眼前世界的某個部分。若我們所見的世界是充滿威脅、侵略、攻擊性的執念，我們自身便是這種景象的營造者。因此，如果要改變對世界的看法，就必須改變自身的想法，不要被念頭牽著走。

雖然攻擊性的念頭常很陰險而狡猾地潛藏在心中，讓我們根本無法察覺這些攻擊性的思維已經佔領全部的心思。但險惡如它們，其實很容易就能被驅逐。只要一條橡皮筋就做得到。

找一天——就今天吧！在手腕上戴條橡皮筋。每當你發現心中產生攻擊性的想法時，就輕輕拉起橡皮筋來彈一下，這是

終止負面思維的好方法。這樣做是不是會讓你產生些許不舒服的痛感？很好，這就是你需要的當頭棒喝——把自己從下意識的攻擊性念頭中彈醒，逃離負面的妄念，重返現實世界中。

一旦你把攻擊性念頭趕出大腦，接下來就要重整你的想法。就用《奇蹟課程》裡第二十三課裡的練習來進行吧。練習的方式如下。

當你發覺自己出現攻擊性念頭，就立即彈一下手上橡皮筋，並對自己說：「只要我放棄對_____的攻擊性想法，就能逃離我所看到的世界。」你可以在空格裡填入任何你會產生攻擊性念頭的人或物，不論是抽象或具體的事物皆可。

奇蹟訊息

只要放棄攻擊性的想法，就能逃離我所看到的世界。

4

心靈夥伴的力量

在我的成長過程中，我常覺得沒人了解我，又或是被誤解。

當時我的嬉皮老媽，帶我走上了靈性成長之路。當我的同學們結伴去看電影時，我卻是在靈修營度過的。你可以想像，這些事對我那些青春期同儕來說並沒有多大吸引力，因此我常覺得很孤單，也因為過著跟一般人不同的非典型生活，而自覺是個怪胎。

但在我二十多歲，已完全投身於靈性修行時，我發現自己一點也不孤單，我結交到一群同為追求靈性成長的「心靈陪跑員」，這些人至今仍是我的好友，而且這群陪跑員的人數還不斷增加中。我們彼此分享共同的信念，同時也互相幫助。當我進入更深層的靈性修行時，這些夥伴也都在我身旁，陪我度過人生中的挫折，跟我分享突破性的時刻。我真無法想像，如果我生命中缺少這些朋友的陪伴，會變成什麼樣子。

在我的工作坊或講座中，常聽到人們感嘆在靈性之路上的孤單，這些人經常說「沒有人瞭解我」，或是「我家人朋友跟我是不同世界的人」。這時我都會告訴他們，他們現在的孤獨感全是自己的選擇所致，因為小我（Ego，我執，也就是迷失的真我）會說服我們，讓我們覺得自己是獨立的、是特別的、是孤單的，但實際上這些人真正需要的就是「心靈陪跑員」。

你會閱讀這本書，就表示你正走在發現新知的道路上，也準備好要敞開心房，接收新的感知。踏上這樣的旅程可能會讓你感到孤單，但這是你的選擇。你可以多找些志同道合的朋友一起修行，而不是用「我為什麼跟別人不一樣」的自怨自艾角度來看待這件事。如今，喜歡自我探索、尋求身心靈成長的人越來越多了，所以，你一定要相信自己可以找到互相扶持的心靈夥伴。

想要吸引心靈陪跑員進入你的生活，請遵循以下三個步驟。

步驟一：先改變負面想法，停止不斷抱怨都沒有人瞭解你，因為這樣做無法吸引願意或可能瞭解你的人。改變你說話的方式時，藉此展現你「已經準備好和志趣相投的人一起學習探索內心」的決心。

步驟二：開始祈禱，希望你的心靈陪跑員會被引導到你身

邊，相信他們也正等著你。一旦你在心裡騰出空間容納別人，你就能感受到他們的呼喚。你也可以常在心中默唸「歡迎我的心靈陪跑員進入我的生命中」這樣的祈禱文，讓真誠的心念發揮力量。

步驟三：最後，不要害怕上網尋找。如果妳是女性，可以上我的社群網站和「她的未來」網站（HerFuture.com），或者加入我的臉書粉絲團，不少人都是在這些地方找到心靈契合的朋友，而且這份友誼持續長存。網友的感情也可以是非常堅固的。

奇蹟訊息

有了心靈陪跑員的陪伴，在個人成長的路上，吾道不孤。

火呼吸幫你吸入正能量

當你覺得頭腦一片混亂，或是情緒難以平復時，最好的方式就是使用昆達里尼瑜伽裡非常具有代表性的特色呼吸技巧，這種方法叫做「火呼吸」（Breath of Fire）。

火呼吸透過「鼻吸鼻吐」的方式，讓空氣能快速進出鼻腔，有點類似深深地吸氣，換氣速度也較快。

此呼吸法著重橫膈膜的放鬆與振動，當吸氣時，肺腔會擴大，擠壓橫膈膜往下降，腹部內臟也略被壓迫，因此肚子自然會外推。吐氣時，肺腔收緊，橫膈膜會自然上升至原來的位置，腹部也會跟著往內收。一旦你進入這種呼吸節奏時，就開始加快呼吸速度，直到它變成火呼吸。呼和吸的時間相等，中間沒有停頓，大約每秒鐘二至三次。

一般的呼吸是吸氣-止息-吐氣-止息的循環，吸氣與吐氣之間會有短暫的中止，所以呼吸的肌肉可於此時換檔。但火呼吸是啟動丹田的力量，藉由腹部進行有節奏地收縮與放鬆產生

呼吸的循環，不需要一般呼吸暫停的換氣時間，因此可以做到連續不斷地快速呼吸。

練習火呼吸的新手常會犯一些錯誤，像是過於強調吐氣，不過這個很容易矯正，只要隨時想著呼氣和吸氣的時間相等就可以了。另一個常見的錯誤，就是呼吸容易變得短促，這代表你的橫膈膜因為壓力和緊張的關係而變得很緊繃，又或是呼吸時橫膈膜剛好與正確的方向相反了。記住，當你吸氣時，橫膈膜是擴張的，吐氣時則剛好相反，是收縮的，而且在深呼吸時要讓橫膈膜盡可能放鬆。

當你在練習火呼吸時，利用快速地一吸一呼，不但能釋放橫膈膜的緊繃感，也能加速能量的流動，把不需要的負能量藉由吐氣排出體外，把好的能量帶入體內，這樣一來，你就能自情緒障礙中解脫。

火呼吸還有許多其他的好處，像是可以淨化血液和補充血中的氧氣，刺激腦下垂體，這有助於身體其他所有腺體的分泌保持平衡，還能強化身體磁場，成為吸引所有好事物的磁鐵。

進行一分鐘火呼吸所帶來的好處，相當用其他呼吸法一小時所獲得的效果。現在就試試看，你將體驗到火呼吸淨化身體的感受。

當你感覺阻礙、情緒困擾或不知所措時,請向你的呼吸
求助。

6

你不說，別人怎會知道你在想什麼？

　　你是否曾因需求未被滿足、感受未被重視，又或是別人沒有回應你的想法，因而感到憤怒和憎恨？如果你的答案是肯定的，那麼我有個問題要問你：「你是否曾堅定地表達自己的想法和需求？」

　　當你覺得別人無法滿足你的需求時，抱怨或許是最簡單的，但也是錯誤的做法。如果你不喜歡一件事，就改變它。與其抱怨，我們應該告訴他人我們的需求和想望。

　　對一些人來說，「提出要求」的確會令他們覺得不太舒服。當人們要求加薪、尋求協助，或只是希望對方能夠傾聽，都會感到不太自在，有些人甚至認為提出需求是很糟糕或是錯誤的。但你得認清，除非你願意開口，否則你永遠無法得到你想要的。

　　如果你總是害怕表達自己的情緒、想法或意見，現在該是趕走這種恐懼的時候了。其實每個人都是很願意付出、傾囊相

助的。因此，當你誠摯而明確地對別人說出：「我需要……」「請你這樣做」時，你的要求也會得到相應的尊重。

現在，就開始養成這種新習慣。利用下面三個步驟，訓練你的「要求肌肉」好好活動吧！

步驟一：對於「提出要求」這件事，接受一開始你會有不太自在的感覺，因為你幾乎沒有這樣做過，所以現在開始新的行為模式會讓你覺得有點陌生。

別在意這種感覺，踏出你的舒適圈，持續朝正確的方向採取強而有力的行動吧。

步驟二：確定自己的需求。當你清楚知道自己想要什麼時，你的能量就會進入自身的要求中。但如果連你也搞不清自己到底要什麼時，你的能量會動搖，這會讓你更難提出請求。正向而堅定的態度是你心想事成的最佳後盾。

步驟三：勇敢提出請求吧！每當你發現自己又迴避可以提出要求的時機，就迅速把你不願面對的恐懼轉移至提出要求的力量上。

雖然你會害怕，但只要鼓起勇氣開口，這個簡單的行為就能迅速改變你的人生。你將體會到一個全新的感覺，那就是：如果你尊重自己，別人也會回以尊重。

別再畫地自限，挺身而進，勇敢提出要求，並追求你想要的東西吧！

奇蹟訊息

獲得你想要的事物的關鍵就是：鼓起勇氣追求它！

重返童年，找回純真

我們都很容易被日常生活中無止境的待辦事項和瑣碎雜務所牽絆，經濟、家庭、工作、人際等各種層面的壓力，讓快樂似乎變得遙不可及。

我們常犯的錯誤，是認為必須專注於工作，並信守對人的承諾，直到這些任務完成，我們就稍微喘口氣放鬆一下，殊不知生活中永遠有堆積如山做不完的事。如果我們一直把心思花費在責任與義務上，將會耗盡精力，也會讓生命枯槁。

我們要懂得適時在忙碌中喊「停」，讓腦袋放空。當我們發現自己深陷在「工作、工作、工作」這種賣命幹活的思維模式中，就要立即蓋上筆電，把手機關機，開啟深藏你內心的「純真模式」，讓自己重返童年，回到已隨時間而被我們遺忘，充滿創意、好奇心、探索力的童稚時期。

下面的方式可以釋放你加諸在自己身上的壓力，遇見心中的內在小孩。

更有好奇心

小孩子的最奇妙之處，是他們永遠帶著好奇的眼光看這個世界。

請你花一整天的時間，像個孩子般體驗新事物，像是閱讀你平時絕對不會選擇的雜誌、多多發問、嘗試吃新的食物……等，讓大腦面對新奇、未知與挑戰。

好奇心可以讓你暫離佔據你大部分時間的單調枯燥事務，與平常忽略的驚奇相遇，帶領你返璞歸真。

活在當下

隨時都活在當下，將會幫你釋放加諸在身上的壓力。當孩童專注在喜愛的事物上，像是玩遊戲，或與寵物玩耍時，那種專注力與快樂是大人望塵莫及的。

學習像小孩一樣的行為舉止，感受吹拂的微風，注意天空的顏色，比平常更開懷大笑。

做做白日夢

與其讓頭腦被混亂的思緒佔據，不如休息一下，坐在公園裡，做個白日夢吧！花個五到十分鐘想想你一直期望體驗的美好經歷。這個過程不僅能讓你暫時脫離例行的一成不變，說不定還能幫你找回動力，讓美夢成真。

練習以上任何一個小技巧都能讓你更無拘無束，也更富創意能量。

　　聽起來很簡單嗎？但簡單的事，往往最難做到。因為簡單，不代表容易。從今天開始，適時放下手邊的工作，讓內在小孩現身。當你再度回到需要承擔重責大任的成人世界時，將能帶著全新的視野和飽足的能量。

奇蹟訊息

　　放棄任何情況都要在你的掌控之中，人生就會變輕鬆。

開始愛自己，全世界也會珍視你

我的好友凱特・諾珊普（Kate Northrup），也是《金錢：愛的故事》一書的作者，她提供一個非常有用的技巧，能讓人們珍視自己的優點，而世界對此也會有所反饋。下面就是由她所傳授的練習法。

現在仔細想想你對自己感到最滿意的三件事，然後寫下來，但這些事情必須是很具體的。例如，假設你說：「我很健康。」這代表你對自身的健康狀況很關心也很滿意，但若你能再進一步闡述：「我有強健的雙腳，可以讓我走到任何想去的地方。」這樣的說明比起「我很健康」這句話，能更精確傳達出你所重視並引以為傲的事情，也能讓自己覺得擁有健康的雙腳是值得感恩的。

像這樣，藉由寫出感謝自己的事物，就是你珍視自己的最

好例證。現在，就寫下最能讓你重視自己的三件事（而且每天都要寫不一樣的事）。

很難不重複之前曾寫過的事對吧？但千萬別這樣做！我保證你這個人絕對有數不盡的優點，和值得珍惜之處。所以每天寫下三個新發現，不僅的確有可能，而且當你養成習慣後，將會活出全新的你——一個愛自己、尊重自己、對這樣的改變也感到驚奇的自己！

珍視自己的人，不但會吸引那些也重視他的人，同時也能懂得珍惜及重視他人。記住，你所感受到的外在世界就是你內心世界的反映。因此，透過增強你的自尊、自重和自信，你將會從這個世界收穫強大的愛。

奇蹟訊息

當你重視自己，將會吸引同樣也重視你的人。

9

參加支持性團體，讓大家一起變更好

生命常會對我們拋出許多磨難和傷痛，例如家人及自己的病痛、失業，甚至看到在新聞報導裡發生的意外或悲劇時，都會讓我們感到無奈，感嘆人世的無常。在這些時刻，我們可以決定是要自我封閉獨自悲傷，或者對外尋求協助。

有個方法，可以讓我們在深感絕望無助時獲得安慰，找到力量，那就是和志同道合的朋友聚在一起，集體祈禱，專心致意，共同冥想，這樣能為自己及這個世界帶來巨大的療癒力。

團體的能量，對於緩解情緒創傷有著不可思議的神奇效力。極為成功的團體療癒案例，就是戒斷團體（如：戒酒）的十二個步驟治療法。這個方法之所以如此成功的原因之一，就是大家聚在一起分享彼此類似的困境時，會感覺自己並不孤單；在與他人的互動中，也會有身處團體中的歸屬感，令人覺得溫暖、心安。

這種團體互相支持的方式，增強了彼此的正面能量，同時

也給予每位參與者在面對困難時一道安全的防護。通常在這種團體裡，都會建議成員尋找可以信仰的神祇，讓祂在你復原期間能進駐心中保護你。

然而不可諱言，並不是每個人都可以在這類的復原團體中與人建立連結。在此，我有個方法可以讓你在面臨人生低潮時，啟動情感連結，快速建立屬於自己的團體。

如果在你的生活圈裡沒有已經加入支持性團體的人，那麼就自己主動上網搜尋；如果妳是女性，可以參考我在第4個練習提過的「她的未來」網站（HerFuture.com），這是個線上的女性互助團體；如果你是男性，請加入我的臉書粉絲頁（Facebook.com/GabrielleBernstein），你可以在這裡與我以及許多其他志同道合的朋友相互交流。

我建議各位不要只是求助，也要對那些需要幫助的人伸出援手。只要每天花一點點時間瀏覽這兩個網站，就會讓你覺得自己是屬於這個團體的一份子。

如果在你生命中有人能給予支持及鼓勵，請不要猶豫，立即向他們尋求協助。我們常常會忘記一個簡單的道理，那就是當我們請別人幫忙時，同時也是在幫助他們，因為我們提供對方一個可以敞開心胸幫助別人的機會。所以，請伸出援手，打電話給一、兩位朋友，請求他們協助改善你的狀況。

《奇蹟課程》裡提到：「當有超過兩個以上的人共同尋求

真理時，個人意識便會逐漸消融，集體力量會超越個體的侷限，並讓我們知道，我們的觀念或認知是錯誤的。」書中也提醒我們，當大家齊聚尋找真理時，可以相互提醒，留意什麼才是真實的。

當你感到絕望、孤獨、意志消沉時，運用本文所學到的技巧，尋求團體的正面能量與療癒力。

奇蹟訊息

當你獲得他人的幫助時，記得也要拉人一把。

10

召喚幸福的約會冥想

　　我不知聽過多少次前來上課的學員或朋友，跟我抱怨他們總是一成不變、無聊乏味的約會。

　　我深信，有三個障礙會妨礙人們享受約會的樂趣。

　　第一個障礙，是很多人心中還殘留以前糟糕約會的陰影，那種不愉快的經驗至今仍持續著。也許上次跟你約會的那個人後來就再也沒打電話給你，讓你一直忿忿不平。如果這種憤怒情緒一直殘存心底，就會影響到你下一個約會，即使你整晚都面帶笑容，但負面能量還是會讓你身陷在過去的狀態，影響你好好體驗當下的經歷。

　　第二個阻礙就是身處混沌之中。不明確的願望會帶來不明確的結果，如果你不清楚自己對約會有何期待，就會一再繼續吸引那些不適合你的人靠近。

　　第三個阻礙就是期望能「達陣，達陣，再達陣」這種不斷追求成功的心態。也許你在工作上是個拚命三郎的超級行動

派，又或許你在生活其他領域都能如願以償，但這並不代表妳在約會這件事上也是個高手。放下勢在必得的王者心態，放輕鬆地進入約會模式吧！

那麼，要如何克服約會的障礙呢？答案就是「約會冥想₂」。這是我發明用來釋放恐懼、提高自信、散發魅力的冥想方法。這個方法包含了三階段的引導，除了以下的說明，更詳細的做法可以上我的網站（Gabbyb.tv/MediDate）獲得更多資訊。

擺脫浪漫幻想的冥想

這個引導冥想能幫助人們擺脫對完美愛情的不切實際幻想，以及可能導致失敗或不滿意的期望。如果你對前任情人還心懷怨恨，那麼這個冥想也很適合你。

利用這個冥想來消除讓你躊躇不前的恐懼、憤怒和疑慮吧！

約會前冥想

這是約會前的「暖身預演」。要讓約會成功的關鍵就是要

2　譯註：MediDating，就是把冥想（mediatate）和約會(date)這兩個字結合在一起。

展現真我，沒有什麼是比真實的自己更性感的了。

練習這個冥想能舒緩約會前的緊張，不會因為想給對方好印象就彆扭地裝模作樣。

吸引力冥想

這是種神聖的冥想法，能幫你進入浪漫關係時，你想擁有甜蜜感受的狀態。

練習此冥想之前，你必須先做好「已準備進入想要談戀愛」狀態的前置工作。因為能讓你願望成真的方法，是專注於你想要的感受，那種感覺會吸引「愛」來到你身邊。

另外，如果你現在有正在交往的對象，我建議可以進行以下的練習，重塑對約會的想法。

睡前進行的約會冥想

睡前在床上想像你跟想要進一步認識的人正在約會的景象，而且要把這個想像的場景引導至正面、愉快的感覺。每天至少要做五分鐘。

散步時的約會冥想

當你走在路上，在腦中自創一個羅曼蒂克的故事。想像你

正跟一位非常棒的對象享受美妙的約會，感受你在想像這個故事時心情的悸動，你將會開始散發出迷人的魅力，甚至連陌生的路人都會被你深深吸引！

進行重要約會時的冥想

一旦你敲定期盼已久的約會，就得好好享受它。為了讓你在重要約會時能散發正面的能量，必須練習這個冥想以確保成功。

首先，至少靜坐五分鐘，想像你想要順利進行的整個過程，包括從一下車開始，直到約會結束時的再見之吻。然後吸氣時誦唸「我很放鬆」，吐氣時則誦唸「我感覺到了」，並在約會期間不時配合呼吸，在心中默唸這兩句誦語。

奇蹟訊息

在練習約會冥想後，你就做好迎接愛情來臨的萬全準備了！

11

面對帳單，請用
整理的魔力＋祈禱的願力

　　我必須承認，我曾經是那種會讓帳單堆積如山的人。每個月，我的沮喪隨著帳單堆疊的高度成正比。也許這是因為我對於「匱乏」（不論是金錢或情感）的陳年恐懼所致，也或許我只是想練習一下我的自我毀滅神經有多強韌吧！無論如何，這曾是我每個月可怕的例行公事。

　　有天我突然意識到，帳單佔滿書桌的狀況不但讓我的生活一團混亂，伴隨而來的沮喪和內疚也徹底妨礙了我，雜物真的反映了我的身心靈的整體狀態。這時，我恍然大悟，一切都豁然開朗了。我決定要徹底斷開我跟帳單之間的糾結！

　　我的第一步就是先把桌面整理乾淨。我把成堆的帳單分類好，裝在我最喜歡的綠色盒子裡（如果你的是電子帳單，可以在收件匣裡利用不同顏色的標籤或資料夾將這些帳單歸檔，而

且在一收到帳單時就要立刻分類處理，這樣就不會在需要繳款時遍尋不得。）而且我發現，捨棄原本無處存放的東西，並讓流離失所的物品各歸其位後，環繞在我身邊的都是能讓我心動的事物。

接下來，我就會利用帳單進行心靈練習。我會坐在綠色小盒子前，每開出一張付帳的支票時就祈禱默唸：「感謝宇宙賜給我可以支付帳單的賺錢機會，我很感恩我能對經濟有所貢獻，而且我的事業也蒸蒸日上。」只要在付帳單之前說這些話語，就會讓我對人生充滿希望，工作充滿動力，感覺活力十足。

現在，我付帳單的過程變得愉快，桌上也不再堆滿雜物。更棒的是，在我清空桌面後，我也開始注意到有更多新的工作機會，賺錢的機會也源源不絕。整理就是有這麼神奇的魔法！一如古老的中國風水觀念強調清除雜物的重要性，不但讓空間井然有序，頭腦清明，靈感泉湧，甚至還能招財！

總之，清理雜物能釋放有助於思維清晰、靈感湧現，甚至提升賺錢能力的重要能量。如果你是個為支付帳單而感到焦慮的人，現在，就利用上述的建議，開始清理桌面，並進行付帳單前的祈禱吧！

奇蹟訊息

在付帳單時，用感恩的心，感謝老天讓你擁有自給自足的能力。

12

面對 E 世代的攻擊行為——網路霸凌

　　有一天，我接到我媽慌慌張張打來的電話，她上氣不接下氣地告訴我：「有個人在妳的臉書上寫了惡意的留言，不過別擔心，我已經幫妳回覆也糾正她了。」

　　我笑著回說：「老媽，謝謝妳挺身而出幫我說話，不過這不是我處理網路負面訊息的方法。」

　　我繼續解釋，身為心靈導師和學生，我必須隨時言行一致。我試著讓我媽瞭解，跟負面的事物糾纏不清，只會更增強負能量。現在，我已經學會，與其為自己辯護、反擊，不如把這種經歷當作是上天所賦予的神聖任務。我也不會認真看待所有的負評與指責，把招致責難的原因全都歸咎於自己，陷自己於「都是我的錯」的困境中。

　　我的做法是，透過慈悲、包容和寬恕來處理網路的攻訐與仇恨，讓我心靈的力量更強大。

　　網路強化了言論自由，但匿名也消弭了其言論責任，所以

我當然不會是唯一碰到網路霸凌的人。就在我媽打給我的隔天，我到芝加哥錄歐普拉〈超級靈魂星期天〉的節目時，猜猜看歐普拉問我的第一個問題是什麼？就是這麼巧！她問我會如何處理網路霸凌的問題，我馬上回答：「原諒對方，然後按下刪除鍵。」

如果你是像我媽這樣仗義執言的人，現在該是「放下拳擊手套」的時候了，對這些在網路肆意發言的人多些寬容與同情。

我們應該這樣想：快樂的人絕不會在網路上惡意寫下粗魯無禮的話，心懷慈悲將會讓我們產生同理心和不需防衛的心態，以全新的角度看待這件事。你也無須急著回應，情緒性的反擊也是另一種網路霸凌，而且這可能還會提供對方更多延續唇槍舌戰的資訊。現在就選擇寬恕，讓事情全都過去吧！

為了徹底處理好網路惡勢力這件事，我建議各位利用下面的文字祈禱：「我祈求我可以原諒你，並就此放下。」然後關掉視窗，脫離當下的情境，再以輕鬆的心情把這些人封鎖、刪除，或隱藏留言。

把清除這些惡意訊息與留言當作每天的例行工作，就像你清除電腦裡的垃圾郵件一樣，不需留下任何負面的評論。

奇蹟訊息

對付網路霸凌的SOP，就是原諒對方，然後按下刪除鍵。

13

為生命能量電池充飽電

人們常會認為，人生必須經歷過失敗與逆境，才能有所成就。但矛盾的是，我們卻常被挫折擊垮而喪失動力和鬥志。

人生中無可避免會有各種磨難，不妨採用一些技巧來協助自己恢復能量，重新出發。

對我來說，沐浴在溫暖的光芒中是個讓我恢復能量的好方法。或許這聽起來有點超現實，但的確具有不可思議的力量。你可以找個安靜的地方躺下來，想像有道像瀑布般流洩的光芒灑遍全身，同時利用鼻子深呼吸。當你呼吸時，要讓自己放鬆，彷彿身體即將深陷地面。在進行的過程中，持續想像這道光芒不斷照耀在你身上，讓你感到無比平靜，也讓你感覺重生，療癒著你。

剛開始練習時，你可能會覺得身體振動或發麻，這是身體能量正在恢復的徵兆。我們的身體是由能量組成，是個能量體。一旦面臨沮喪和壓力等負面情緒，將會消耗身體的能量。

當人處於低能量狀態，身體僅存的力量只夠讓人想辦法「活下去」，卻沒辦法「活得好」。不妨把身體想像成是個電池。如果你希望生命有活力、有目標地持續前行，就必須讓生命能量電池持續充電。

光，就是一種能量，能讓身體充飽電。當光（能量）進入身體後，能提高體內細胞分子與周遭能量的振動頻率，直接或間接「照亮」我們與身邊人事物的連結，也能讓你內心充滿平靜與祥和。

想像你全身沐浴在光中吧！讓身體的每個細胞都充滿光芒，你的「電池」也將會充得飽飽的。

奇蹟訊息

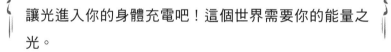

讓光進入你的身體充電吧！這個世界需要你的能量之光。

14

換個錢包，吸引「富能量」

我有一位非常要好的企業家朋友，常跟我抱怨她的財務狀況一團亂。有天我們在逛街，她又抱怨起同樣的問題時，正好拿出錢包準備付帳。當我瞥到她的錢包時，驚訝地倒吸了一口氣。那個錢包看起來舊舊爛爛的，裡面塞滿了信用卡、零錢、皺巴巴的收據、護唇膏，還有一些天知道那是什麼鬼的東西。

我回家後馬上傳了一段話給她：「想改善妳的財務狀況，請從整理錢包開始！」

過幾天，我收到她傳來的照片，那是一個時尚又美麗的紅色新皮夾，皮夾的每個分區都整理得井井有條，鈔票也很容易拿取。兩個月後，她的公司步上軌道，延宕數月的案子也順利完成了。

一個人怎麼對待金錢，錢財就會如何對待他。我相信我朋友的金錢運大開，是因為她個人的財務管理變得井然有序的緣故。在她潛意識裡的阻塞已經清除了，所以工作與生活也從此

豁然開朗。

你也常覺得自己的財運不佳嗎？生意是否經常無法順利談成，工作總是一事無成，或是永遠處在缺錢的狀態？很多時候，財務不順是源於能量的滯礙。記住，能量無所不在，也包括在你的錢包裡。看在你的財務狀態的份上，整理一下錢包，疏通你與財務狀況之間的能量，會更容易吸引豐盛和成功。

錢包不只是配件，它是存放金錢的地方，也反映了一個人的價值觀、對錢財的重視程度，甚至是擁有者的個性。嘉拉‧達琳[3]曾說：「你的錢包反映了你對金錢的態度。如果你的錢包是髒亂破舊的，那麼想想你這二十年來的生活是否也過得一團亂？」

如果你的錢包破破爛爛或東西塞得太滿，那麼就去買個乾淨、漂亮、適合自己的風格，且裝得下所有你需要攜帶東西的新錢包吧。不要吝惜把錢投資在一件會讓你覺得高興的事情上。

購買錢包時，選對顏色是很重要的。在中國風水的觀念裡，有些顏色具有招財的效果，例如閃閃發亮的金色，就如同金黃色的稻穗即代表豐收；又或是具有招財力的亮面紅色錢

---

3 譯註：Gala Darling，時尚部落客，在《紐約時報》、《Elle》、《Teen Vogue》、《紐約郵報》等雜誌撰寫專欄，發表關於女性議題的文章。

包。

風水大師凱特麥金農（Kate MacKinnon）說：「要讓風水變好，最重要的就是要清理雜物。所以請整理你的錢包，丟掉收據、紙張之類的雜物，讓錢包裡放的東西整齊清潔。」

如果你不重視金錢，錢當然不會想靠近你，又或是即使錢入袋了，也是很快就財來財去留不住。畢竟，「你不理財，財不理你」。整潔的新錢包不只會改善你的氣場，產生「富能量」，提升金錢運，同時也是你對宇宙發出你已經準備好接收財富的聲明。

奇蹟訊息

珍視你的錢財，財物也會尊重你。

15

讚美自己的練習

大多數人（包括我在內）都花費太多時間過度自責過去所犯過的錯誤。這些想法包括「你為什麼又犯這種低級錯誤？」「你真的很差勁！」等。

也許你心裡常隱約有不安全感，但你也不知道為何會有這種感覺，或是它對你有何影響。看來，我們已經習慣專注於負面思考，被負面情緒綁架。

當我跟我輔導的一位客戶合作時，我就注意到這件事。每次我跟她會談時，她總是心懷愧疚地將所有錯都往自己身上攬，不斷數落自己卻不自知。

有一次，我建議她把曾自覺做得不錯的事逐一列出來。

「為什麼要這樣做？」她疑惑地問。

「因為妳花太多時間在妳自認為『做錯』的事上了。我們試試，如果換個方式，把焦點放在妳做對的事情上會怎樣。」我回答她。

聽完我的話，她深深吸了一口氣，然後鼓起勇氣，開始列出自己的成就。就在她專注於正向的好事上時，我聽到她說話的語調改變了，也察覺到她的能量轉換了。

當我們懂得自我肯定時，你會發現自己並沒有想像中那麼糟，而這種發現將會帶來希望的力量，讓我們向成功邁進，度過難關。

練習給自己肯定的聲音，你將能有意識地看見與聽見你的內在對話。相信自己一直都做得很好，比什麼都重要。

所以，從現在開始，停止自我批判吧！打開筆記本，記下你所能想到自己的優點，寫下對自己的讚美，不要害羞也不必謙虛，多誇耀自己吧！每當你又陷入自我懷疑時，把這張清單拿出來看一下，提醒自己有多棒。一旦你發現新的優點和成就，別忘了再繼續加上去，擴充這張讚美清單。

讓這種行為養成習慣，直至你不需要藉由清單的提醒，也能打心裡覺得自己真的很不錯。

奇蹟訊息

當我們懂得自我肯定，並專注自己的成功時，才能真正體驗人生的美好。

16

我愛食物，食物也愛我

　　我認為腸胃的蠕動狀態，會直接影響人生是否過得順遂。不相信嗎？問問自己，當你的腸胃不適、便祕時，你的生活是不是也不順利呢？

　　如果你想要克服生活中的問題或困難，就不能只關注某個部分，而需全方位審視所有層面。

　　身體健康與否將影響你的能量場，而你的能量就是你的力量。所以，關注一下排便狀況是如何影響你的生活的。

　　消化問題通常都跟我們的負面情緒有關。當我們在不愉快、焦慮或充滿壓力的情緒中用餐，往往會食不知味，或狼吞虎嚥地把東西吃完，讓食物難以消化。再者，我們如果在用餐時總是心懷怨念，不是批評老闆同事，就是抱怨另一半，甚至是連正在吃的食物可能也難逃你的碎念，這樣做就等於把負面能量注入食物裡。把這些帶有負能量的食物吃下肚，腸胃當然就會不舒服。

針對這個問題，我從我的昆達里尼瑜伽同好那裡學了一招非常有用的方法，就是在吃東西前要對食物抱持感恩之心。心態與情緒是決定食物滋味的重要調味料，進食前先在心中默唸：「我愛食物，食物也愛我。」光是這樣簡單的動作，就能改變你用餐的心情，令身心舒暢的能量傳遍全身。

　　然後，把食物吞下肚之前，先在口中慢慢咀嚼至少二十次，你將會充分感受到食物的美味。而且，從容不迫慢慢地進食，就不會吃太多，也不會暴飲暴食，更重要的是，你會消化得更好。

　　像這樣，在用餐前，先抽出一點時間感謝帶給你營養的所有食物，尤其是在成為人類食物前曾經是動物的那些生命，那麼，食物便會在你體內以一種截然不同的方式運作，讓每一個細胞都能充分接受食物帶來的滋養，發揮最大的能量，這對你的身體和精神健康都大有裨益。

　　每天從事這個練習，將會破除思維障礙，打通你的腸道，同時也會清除生活中的阻礙。

奇蹟訊息

我要對我吃的食物心存感激。

17

慢下呼吸滅怒火

相信我們大部分的人，都曾經因一時衝動，而說出情緒性的話語，或是寄出充滿惡意辱罵字眼的郵件，可是才剛做完，馬上就後悔了。

每當我們太快對發生的事做出回應，就是關閉內心的指引，只依靠下意識的自動導航前行，這往往會讓我們在盛怒時帶著強烈的情緒，以惡劣的態度、無理的爭吵，或拚命指責抱怨等方式表達怒氣，更可能出言不遜傷害了別人。

我們的非理性回應也可能會讓雙方的爭執產生無止境的連鎖反應，比如說：「為什麼你要罵我？」「因為你先對我發脾氣。」「如果你沒罵我，我幹嘛對你發脾氣。」就這樣氣上加氣，沒完沒了。

美國匿名戒酒協會的共同創辦人比爾．威爾森曾說：「管好筆和嘴所獲得的報償是難以估算的。」這句話充分說明失控的言語與文字所帶來的強大殺傷力。

如果你也是行事衝動的人，那麼建議你在情緒暴衝、想在當下立刻反擊時，先做三次長長的深呼吸，保持冷靜，不要急於表達憤怒，給大腦一些緩衝時間。把注意力放在呼吸上，讓剛剛燃起劍拔弩張的衝動情緒慢慢消退，使理智恢復。

　　當你做完三次深呼吸後，自問是否有更具同理心的回應方式。讓心中的靈感引導你，替你發聲，你將能馬上感受到來自更高心靈層次的指引，避免說出或做出令自己後悔的事。

奇蹟訊息

　　感到衝動時，先做三次深呼吸。

第 2 章

平靜

「心靈真正的平靜，來自於不計褒貶。」

——湯瑪士・肯比斯（Thomas A. Kempis）

德國神學家

感受脈動，找回專注力

日常生活中總少不了挑戰和困擾，使我們感到煩躁不安。我在本書中一再重複，能釋放壓力、使內心平靜的關鍵法則就是冥想。

很多人都想練習冥想，卻不知該從何做起。他們知道冥想有益身心，可能也曾體會過正念時刻，但卻難以將冥想融入日常中實踐，使之成為習慣。其中的阻礙之一，就是覺得冥想令人生畏，他們期望速成，希望馬上可以看到成果，獲得好處。但這是不可能的。我們會說「練習冥想」，就是因為冥想需要不斷勤練，才能成為一種力量強大的習慣。

試想，你有可能第一次拿起網球拍就打得跟小威廉斯一樣好嗎？當然不可能！但這並不表示你不能專注熱情地好好打一場球，也不代表你無法藉由良好的訓練來增進技巧。

冥想也是同樣的道理。雖然不能馬上成為大師，但是新手冥想者也能透過經常練習而熟能生巧，進而感受到沉浸其中的

樂趣。

想要藉由冥想達到平靜的境界，最簡單的方法就是從感受脈搏的跳動開始。隨著脈動進行冥想，進入心的韻律，可以增加專注力，讓心靈平靜，左右腦達到平衡，並校準神經系統。這種昆達里尼冥想法稱之為「靜心練習法」。做法如下，並可參考第84頁圖。

　　步驟一：保持輕鬆的盤腿坐姿，上半身挺直，下巴往內收，閉上雙眼，把注意力放在眉間（這個地方又稱為「第三眼」，在第23個心靈練習會有更詳細的說明）。

　　步驟二：雙手的擺放姿勢4，是將右手的四根手指，輕放在左手腕上，每根手指都要伸直，這樣指尖才能確實感受到脈搏的跳動（見下頁圖）。在每一次脈動時，想像耳中迴蕩著Sat Nam5的誦咒聲。

　　我建議這個練習要做十一分鐘，不過當你進行一分鐘後，

4　譯註：練習瑜伽時的手勢稱為「手印」，梵文為mudra。藉由手與手指的捲曲、交叉、伸縮、接觸等動作，可以將能量引導至腦部。

5　譯註：Sat Nam是瑜伽中常用的一種唱頌法。Sat是指「真理」，Nam是「名字」、「身分」的意思。Sat Nam就是「創造者的名字就是真理」、「真實的自我認知」。

就可以感受到冥想的好處了。

　　每天抽出時間來練習，藉由感受並集中注意力在脈動上，可以讓你心無旁騖與雜念，發展專注力，培養直覺力，並維持頭腦冷靜，在壓力下仍能維持高效能運作。

奇蹟訊息

平靜就存於脈動之中。

19

妥善處理怒氣

　　我們見到的世界，其實就是由自己內心的反應所建構。

　　我們常會帶著既有的觀感與想法這樣的有色鏡片，去看周遭的人事物，因而一路被自己的心引領往熟悉的方向走去，所看到的結果也會侷限在經過我們篩檢的感覺與評斷裡。一旦遇到與自己想法、意見或看法不同的人，就容易煩躁、動氣。

　　與其讓這些人攪亂你的世界，不如讓他們成為你精神成長的最大動力。

　　現在我要教導很棒的昆達里尼冥想技巧。每當有人讓你心浮氣躁時，這個冥想法可以快速、簡單又有效地釋放你的憤怒。你可以隨時隨地練習，即使此時此刻也可以。

以拇指輪流壓著食指、中指、無名指、小指。

當按壓食指時口說：平靜（peace）。

當按壓中指時說：開始（began）。

當按壓無名指時說：於（in）。

當按壓小指時說：自己（myself）。

每唸一次就深呼吸一次，說話的速度快慢可由你自行決定。

不論是在銀行排隊久候感到不耐煩，或是開會時被同事的發言惹怒，當發現自己被憤怒的感受操控時，就做上述的練習。這個技巧可以幫你度過各種狂亂的情緒，並快速釋放怒氣。

現在，就把這個奇蹟訊息傳出去、PO上網，啟發其他人也能從「改變自己的行為」開始「停止生氣」。

奇蹟訊息

戒掉「都是別人害我的」思維，拿回情緒主導權。

20

轉動舌頭，找到平靜的力量

接下來的練習，我將引導各位瞭解在《奇蹟課程》裡所提到的訊息，那就是：「只要讓心靈寧靜片刻，奇蹟便會悄然降臨。」

當我們被困在因執著所造成的混亂思緒裡，或是專注於恐懼不安，就無法聽見內心指引的聲音，因而感到焦慮和壓力。於是，明知不該生氣，卻仍忍不住動怒；明知沒什麼好擔心，卻老是杞人憂天；明知後悔無益，卻仍然耿耿於懷。

以下是源自於昆達里尼針對釋放焦慮緊張所設計的冥想法，能幫助你把紛擾的心平靜下來，不再慌亂地被恐懼牽著走。

步驟一：以舒適的姿勢坐在椅子上，雙腳平放在地上。
步驟二：閉上雙唇，將舌頭往上捲，舌尖抵著口腔上方的硬顎，以順時針方向繞圈，重複做30至90秒。

步驟三：再以逆時針方向，同樣做30至90秒。

步驟四：保持不動，靜坐一分鐘。

在口腔頂部的上顎有許多穴位，透過舌頭的運動可以刺激這些穴位，把資訊直接傳遞到腦部的下視丘，達到調節內分泌系統與新陳代謝的功能，並使心境平和。在這種狀態下，你會體會到寧靜的美好感受。

奇蹟訊息

只要紛亂的心靈能靜止片刻，奇蹟便會悄然降臨。

21

建立你的正能量歌曲清單

你是否曾經對某一首歌的感受特別強烈？就是那種你一聽到音樂響起，就會大受感動和激勵，眼淚在眼眶中打轉，渾身還起雞皮疙瘩的歌。如果你有過這個經驗，那麼你一定能了解，歌曲是多麼棒的愛的催化劑。

音樂是能幫助我們和內在心靈建立連結強而有力的工具，我希望在你人生的某個時刻也可以有這樣一首音樂陪伴你。

你想要擺脫負面思維模式嗎？那就把能讓你恢復活力和笑容的歌曲全收錄在一起。早上起床時聽，上班通勤時聽，在健身房時聽，還有準備晚餐時也聽……最重要的是，每當自己感覺沮喪低潮時，就將這張音樂精選集作為轉換負能量的利器。

你可以用能讓人感到平靜或活力振奮等不同的分類方式來收錄音樂，讓音樂成為你重返正面思考的動能。需要我幫你一

把嗎？請到我的網站6，參考我的正能量精選集，聽它個一整天，看看能否給你一些靈感。

每天平靜地花些時間聽幾首能夠激勵或感動人心的「正能量洗腦歌」，讓音樂柔化並洗滌你的心靈。

現在，你可以分享你的「Spotify音樂人人愛」的歌曲選單，或是將我網站上找到的範例選單分享出去。

奇蹟訊息

利用你喜歡的音樂精選集，提升正面能量吧！

---

6 網址：gabbyb.tv/miracles-now，搜尋關鍵字「Positive Perception Playlist」。

22

眼觀鼻，專注呼吸

如果一個人反覆不停地想著同一個問題，不斷地關注它，就會變成擔憂。

心理學有個說法是「自我應驗效應」，也就是「你怎麼想，就會怎麼發生」，因此當你身陷憂愁、恐懼、擔心等負面情緒時，就會被心煩意亂的念頭綁架，很難清楚思考，回應給你的也常是不好的結果。

憂慮就是向混亂發出祈求，而思慮過多會變成一種壞習慣。能解決的事，不必去擔心；不能解決的事，擔心也沒用。何不放下擔憂的心，等事情真發生了再去面對吧！並且對未來抱持樂觀的看法，告訴自己：「我相信我有能力處理這件事。」你會發現，很多困難其實都可以被適當處理。

每當你開始意識到自己感到焦慮時，可以用下面這個「眼觀鼻，專注呼吸」的方法，這是一個能讓你心智處於平和狀態，並和煩惱脫勾的基本技巧。

眼睛注視你的鼻尖，並且心無旁騖，只專注於「留意自己正在呼吸」這件事。這個簡單的動作，就能讓頭腦暫時放空休息。

這也是一種正念的練習法。在所有的正念練習裡，注意當下的呼吸都是非常重要的。呼吸永遠與我們同在，我們不需要花費心思想它，也會持續不斷地進行。因此，只要把注意力集中在鼻尖的氣息上，就能與自己重新產生連結，產生靜心的效果。

當我們覺得時間緊迫、忙碌慌亂、承受莫大的壓力時，心思會隨著擔憂、焦慮、恐懼、挫敗的想法越飛越高，逐漸失控，最後不知去向。我們可以利用呼吸將自己「固定」在當下的現實生活中，而感覺到穩定、心安，尤其是在面對極度困難的挑戰或重大災難時，這樣做會更有效。

奇蹟訊息

煩憂就是向混亂發出的祈求。轉向平靜祈禱吧！

23

與壓力也能做朋友的
「背包式冥想呼吸法」

在我們生命的每個階段都會遇到各種壓力，只是性質和強度不同。瑜伽大師 Yogi Bhajan 曾說，我們有百分之八十五的行為會受到環境的影響而自動出現。一旦我們的情緒受到環境掌控，心情就會像雲霄飛車一樣忽高忽低，起伏不定

要擺脫這種狀況，讓浮躁的心平靜放鬆，唯一的方式就是利用呼吸。

每當我在演講時提到「呼吸」這個話題時，我都很訝異居然有這麼多人用錯誤的方式呼吸！正確的呼吸法應該是所謂的瑜伽式呼吸，就是當你吸氣時橫膈膜會擴張，吐氣時橫膈膜則收縮。要確定自己是否做對，只要把手放在腹部，感受自己吸氣時腹部是否擴張，吐氣時是否收縮就知道了。

大部分的人在面對壓力時的直接反應，通常是全身肌肉緊繃、大腦難以思考，甚至會遷怒他人。以下我要教大家的「背

包式冥想呼吸法」，可以讓人在怒火中燒或緊張焦慮時，有意識地把注意力放在呼吸上，進而冷靜下來。

「背包式」這個名詞顧名思義，就是可以把這種冥想呼吸法放進隨身的背包裡，當壓力產生時就拿出來應急。

姿勢：上半身挺直坐著，是否要盤腿則可視個人習慣而定。

手勢：雙手分別放在兩腿的膝蓋上，以拇指按壓食指，其他三指自然伸展（見下頁圖），這叫做「智慧手印」，代表將自身的能量和宇宙的能量相結合，可以產生接納和平靜的能力[7]。

呼吸：再來就是最重要的──注意呼吸。昆達里尼冥想建議的呼吸方法是，從鼻子連續吸氣八次後，才從鼻子吐氣一次。不過如果你是此呼吸法的初學者，要一次吸進這麼多空氣是有點困難，因此你可以先從吸氣四次再吐氣一次開始練習。

時間：昆達里尼的瑜伽修行者建議每天做十一分鐘、持續進行四十天比較理想，但是初學者可以先從一至三分鐘開始，再逐漸增加到十一分鐘。

---

7 譯註：在瑜伽練習中，每一根手指都有重要的象徵意義，分別代表身體、大腦和心靈的狀態。其中，食指象徵木星，大拇指代表自我。

　　進行這個冥想一分鐘，就能立即體驗到神奇的結果。將這個冥想「放」進口袋，每當你感到有壓力、焦慮或緊張時就使用它吧！

奇蹟訊息

　利用呼吸釋放壓力，能讓心靈重返平靜。

24

治癒上癮的冥想法

在某種程度上，我們或多或少都受上癮之苦，有人是難以戒除對酒精或香菸的依賴，還有更多人是沉迷於食物、性、工作或網路。即使我們不是陷於傳統定義中的「壞習慣」無法自拔，但可能也會對某種感覺、對潛意識或精神層面的事物上癮，例如恐懼、自責、被迫害妄想等等。這些讓人上癮的因素如果要逐一列舉出來，可會是一長串。

我們之所以轉而向這些物質、想法或活動尋求滿足，是為了逃避讓我們不舒服與不悅的感受。從生理角度而言，上癮是大腦某些化學物質的反應，代表神經系統出了毛病。進一步說，是我們的松果體失去平衡。

松果體位於從眉心往內沿伸至腦中央偏後之處，又稱第三眼，是存在於脊椎動物腦部的一種內分泌腺。當松果體失去平衡時，會影響腦下垂體的分泌，腦下垂體負責讓身體各腺體正常運作，所以一旦分泌受到影響，身體和心理都會大幅失衡震

盪。

　　下面我要傳授的冥想，是透過梵唱，以聲音引發深層的放鬆，釋放意識的雜念，並利用音波刺激腺體。每個梵文都是一個單音，每個單音也都充滿了能量，藉由唱誦的方式，我們會收到相應的效果，並引導我們如何去感知。

　　使用這種冥想能治療任何類型的依賴，從酗酒到基於恐懼思維的上癮。請按照以下的指導步驟進行。這種冥想改編自瑜伽大師Yogi Bhajan的教導。

　　步驟一：盤腿輕鬆地坐著，上半身挺直。
　　步驟二：閉眼，將注意力放在眉心[8]。
　　步驟三：兩手握拳後，打開大拇指，按壓住太陽穴。
　　步驟四：將嘴巴閉住，後排臼齒輪流做咬緊與放鬆的動作，這時，你將感覺到大拇指下方的肌肉正隨著牙齒一緊一鬆的節奏移動著。
　　步驟五：大拇指隨著太陽穴的起伏稍稍用力按壓，同時配合每一次牙齒的咬緊，逐次唱誦出沙塔那瑪（Saa Taa Naa

8　譯註：專注在眉心可以活躍腦下垂體和松果體，誠如之前所說，這兩者控制身體所有的腺體。

Maa）這四個字的咒語。

想像聲音是從頭頂灌注而入，穿過松果體中間，到達腦下垂體，再從眉心投射出去。例如，當你唱誦Saa時，在「S」的時候，聲音是從頭頂進入，「aa」的時候，聲音則是從眉心射出去。同理，唱誦其他字的時候也都是這樣做。

由於梵唱主要是以梵文唱誦，所以一般人幾乎不可能完全理解，但是這並不重要。只要我們唱出來，就能啟動隱含在這些特殊音節裡的振動頻率與正面能量，不論它們是關於直覺的提升、心靈的平靜、財富的召喚，或是其他隱藏於其中的益處。

一開始練習時先持續做五到七分鐘，然後慢慢增加到二十分鐘，最終目標是可以做足三十一分鐘。

---

9 譯註：這是印度的旁遮普語。Saa、Taa、Naa、Maa分別代表出生、生活、死亡、重生。

這個冥想能幫助克服任何類型的上癮與不健康的習慣，持續練習40天以上，將能幫助你戒除成癮行為，重獲心靈的自由。

奇蹟訊息

我不是成癮行為的俘虜，我要成為快樂自由的人。

25

療癒恐怖事件所引發的不安與恐懼

　　每當世界上發生可怕的事件，像是地震、戰爭、墜機、恐怖攻擊等，不管我們居住的國度離事件發生地有多遠，一定還是會感到驚懼或擔憂。如果是發生在我們周遭生活中的社會事件，那就更不用提會多令人感同身受，又有多驚慌或傷痛了。

　　我們要如何處理這種狀況？躲到酒吧喝酒買醉，上網貼文發表感想，或者乾脆關掉電視，假裝什麼事情都沒發生？這些都是很容易做到的。不過，如果你刻意阻擾、壓抑或逃避感受，這股負面情緒將會躲進潛意識裡，當下次悲劇再度發生時，對你的心情將造成更大的衝擊，更難以平復。唯有心情被徹底療癒，問題才可能解決。

　　想要解決情緒困擾，沒有絕對正確的方法，不過倒是有技巧可以幫助我們撫平心靈創傷。下面的三個步驟可以幫助你勇於面對現實，進而從恐懼和痛苦中平復心情。

步驟一：誠實面對自己的恐懼

承認自己會覺得害怕不但有益健康，同時也是療癒的關鍵步驟，這能幫助你從恐懼與不安的緊張氛圍中脫身。

不論是跟你摯愛的人討論、寫在日記上，或者跟心理治療師、互助團體分享你的感受都可以。

步驟二：運用呼吸處理情緒與感受

呼吸是釋放恐懼的最佳利器。

先確認恐懼是位在你身體的哪個部位，也許是在你的喉嚨、肩膀、胸部，或者是胃部。靜坐片刻，感受身體哪裡覺得緊繃，或是不太通暢，那就是你存有恐懼的地方。利用深呼吸把氣送到你感覺不舒服的那個地方，然後在吐氣時連同緊張不安的感覺一起吐出去，將它從體內釋放。你可以重複做數次，直到你感到放鬆為止。

步驟三：多些善良和慈悲

第三個步驟對你產生的幫助是你難以想像的，那就是擁有慈悲心。

詩人朗費羅曾寫下這樣的句子：「如果我們能了解敵人私密的過去，就應化解一切敵意，因為在眾人的生命裡，我們必能發現諸多的傷悲與苦痛。」

一旦我們能將心比心，站在別人的立場著想，人類與生俱來的慈悲心會自然湧現。你的善良就是治癒世界最大的力量，如果越多人實踐同情和慈悲，這個世界就越不會發生破壞、恐怖和攻擊的行為。

　　當你覺得軟弱無助時，正視自己的感覺，利用呼吸來化解緊張，並發揮慈悲心，就能在脆弱時找到自己的力量。

奇蹟訊息

勇於正視情緒，是幫助自己最強大的力量。

26

拒絕「不好意思拒絕」的人生

　　有許多年，我曾一直是個「好」人，我對所有人的要求都說「好」，來者不拒，結果這讓我嘗到筋疲力盡的苦果。

　　回顧過去我的所作所為時，我發現自己這種不懂得拒絕的態度，是源自於我想要討好別人、讓別人喜歡與認同我的欲望。我認為，答應對方提出的所有要求，代表我可以交到朋友，也是個好相處又有親和力的人。

　　但後來，我體會到說「沒問題」並非全是最有愛的回應，我逐漸學會對我不想做和做不到的事予以婉拒。由於我懂得適時拒絕，不再委曲求全，對他人說「不」，我才有時間關照自己，以及有精力履行承諾。說「不」讓我能勇於拒絕會使我分心的事物，不再身心俱疲。現在，「NO」已經成為我的字典裡一個重要的字彙。

　　你也是個生活在「過度承諾」中的「沒問題先生」嗎？那你應該快被你對別人要求照單全收的事情壓垮了吧！ 別再當

個鄉愿的濫好人了，你要告訴自己：「好好拒絕，才不會讓自己因為不好意思而累倒。」

　　或許一開始你會不太習慣，但是當你因拒絕他人的請求，而感受到重獲時間和身心的自由時，你會愛上這種感覺。更重要的是，你會因為終於達成「學會說不」的決心，而感到非常自豪。

奇蹟訊息

學會說「No」，才能對人生說「Yes」。

27

當留言變成「流言」

我喜歡自拍後放上FB、IG或X，就像任何重度使用社群媒體的人一樣，會常和網友分享生活，與讀者互動。

然而我的頻繁貼文有時會惹來一些鄉民的負評。我在比對那些批評者的意見後發現，有一群人非常積極地在攻訐我，想藉此打擊我，就連我是素食主義者這件事他們也有意見。

當我繼續往下瀏覽其他的評論時，我注意到有一位熱衷於心靈成長的粉絲，他以知名新聞記者、批評家漢普頓（Dream Hampton）的一句話：「以沉默來面對謠言」，來表達他對人身攻擊的看法。

當我看到這句話後，心裡感覺好多了。我真喜歡這句話，它讓我想到《奇蹟課程》裡說的：「當我不再有防備心時，便會產生安全感。」

面對流言與毀謗，我們在第一時間最想做的就是辯解與澄清。然而，真相往往不會越說越明，甚至可能事與願違。尤其

現在有許多網民，常以正義者自居，或逮住一句話就斷章取義，大做文章。面對這種文字產生的精神暴力，讓人既痛苦又無奈。

如果我們對他人的攻擊予以反擊，就等於邀請別人來攻擊我們。對他人的批評加以還擊，只會為自己徒增更多壓力、怒氣和煩惱。

面對這類的惡意攻訐時，尤其是生命中不重要的人的批評，保持沉默才是上策。我們並不需要虛擬世界的肯定與認同，擁有平靜心靈才是我們渴望的真實人生。

下次，當你受到語言或文字的攻擊時，記得採用這個一分鐘奇蹟法來改變你的認知。只要轉念，選擇處變不驚的坦然和鎮定，你可以用愛化解所有具攻擊性的想法。

奇蹟訊息

以沉默終結流言。

28

能掌控心智，就能主宰宇宙

　　不管我們的日子過得多順遂，小我總是有辦法在內心製造衝突。事實上，我發現當我越快樂時，小我也會隨之變得更狡猾，它會想盡一切辦法摧毀平安喜樂，讓人生瞬間墜入黑暗中。

　　小我是一部分的你，但不是真正的你，而是迷失的真我。小我具有負面的本質，常利用扭曲的想法與看法，不停地對我們施壓，要我們相信我們不配得到愛、快樂與平靜。

　　《奇蹟課程》說道：「我絕不是為了我所認定的理由而煩惱。」我們總以為自己是因為外在的事件而煩惱，但實際上所有的內心爭戰都是源於小我非常有技巧地將妄想的恐懼深植於心裡。你越害怕什麼，便會越被所害怕的東西控制。

　　除非我們下定決心要成為自己心智的主人，否則恐懼的妄想就會不時出現。一如 Yogi Bhajan 大師所說：「如果你能掌控自己的思想，就能主宰整個宇宙。」

現在我要教導的是昆達里尼冥想法裡非常有效的方法，稱為「終結內在衝突」，這個練習可以幫助大家解放小我的作祟，並從深植的恐懼思維中解脫。

步驟一：輕鬆地坐在椅子上，或盤腿坐在地上。

步驟二：將手掌貼放在胸前，拇指朝上。

步驟三：用鼻子吸氣5秒，再用鼻子吐氣5秒，然後屏住呼吸15秒。

步驟四：重複上述的呼吸步驟進行1分鐘（也可以延長時間），讓呼吸打開你的心胸。

呼吸能幫助你連結到內在的世界，並打開內心的通道，使願望、情感和能量得以表達及釋放。

奇蹟訊息

讓心智成為你的僕人，而不是你的上司和主人。

29

遠離能量吸血鬼

不知你們有沒有過這樣的經驗：當你跟某人相處一段時間後，會覺得筋疲力竭，快要虛脫，彷彿對方把你的能量偷走了。如果你有過這種感覺，那麼你就是遇到了「能量吸血鬼」。這些人會在不知不覺中吸取你的正能量，留下負能量給你，但他們完全沒有意識到這種情況。

每個人都是由能量組成。我們的身體能夠感受別人的能量並受其影響；同樣地，我們也可以把自身的能量傳送給他人。

積極、樂觀的人帶有正能量，和這樣的人相處會讓你覺得人生很有趣、很有意義，生活也有前進的動力；而悲觀、絕望的人則正好相反。

假如你意識到自己的正能量不足以強大到能抵禦負能量時，就要先學會遠離負能量。

有了上述的認知後，我們也要學習如何保護自己的能量。第一步，就是小心你周遭的「能量吸血鬼」，但別批評或貶低

他們。那些沒有意識到自己帶有負能量的人，並非就是邪惡或是壞心眼的人，他們也只是掙扎地過生活而已。與其責怪他們，不如把時間花在留意他們如何吸取你的能量，或以負能量影響你。

你可以從下面幾個特徵，辨識出哪些人是能量吸血鬼：

- 當你跟他們相處後，是否會覺得疲累或虛弱？
- 當你結束跟他們相處之後，是否或多或少會感到憂鬱？
- 他們是否會讓你覺得筋疲力竭、心情沉重？

如果你能很誠實地回答這幾個問題，相信你很快就可以辨識出哪些人是你生命中的能量吸血鬼了。

現在，讓我們設立界限，以不批判的心、但有自覺地致力於保護自己珍貴的能量，免於這些人的危害，不論他們是否在你身邊。因為即使他們遠在千里之外，你們之間的能量連接帶還是存在的。

還記得之前在第13個心靈課程，教過關於沐浴在光芒中的練習嗎？那樣的能量之光同樣也能隔絕負能量。你可以想像自己被金色光環圍繞並保護著，每次只要一想到，或靠近這個令你感到疲累虛弱的人時，就啟動這個保護光罩。這聽起來似乎有點玄，但相信我，這樣做真的很有效。

此外，每當你遇見那些負能量超標的人時，可以在心裡誦念：「請求加諸於我身上的負能量都能清除、迴向和轉化，並恢復我失去的所有正能量。」你也可以創造屬於自己的祈禱文，建立更具威力的保護屏障。

練習察覺別人如何以他們的負能量影響你，同時也要提醒自己將正能量散播出去，感染身邊的每一個人。

奇蹟訊息

當你散播越多愛的能量，也會收到越多愛的回報。

30

大吼大叫由他去

　　我喜歡聽克莉絲蒂安・諾斯拉普博士（Dr. Christiane Northrup）的廣播節目，也總是能從中獲得不少智慧和忠告。

　　有一次在節目中，一位聽眾打電話來抱怨她母親超愛叨唸自己有多麼不幸。她說：「我母親厭惡生活，也不相信有快樂這回事。」

　　當我聽到有人提出對人生感到不滿的這種抱怨時，就很好奇諾斯拉普博士究竟會怎麼回答。結果，她毫不猶豫地說：「那就讓她發牢騷就好啦！」

　　接著，她進一步解釋，如果有人堅持生活在恐懼中，改變他們並不是我們的責任，你完全沒有必要承受負面思考的人所帶來的麻煩，也別抱持「想讓他脫離地獄」的拯救者心態。對付負面的人最有效的方法，就是任由他們繼續負面。

　　當你與具有負面性格的人相處（雖然你可能不想跟這樣的人打交道，但很多時候我們是無可避免或無法選擇的），尤其

是發生爭執時，對方一定會用偏激而負面的言語來激怒你，惹得你怒火中燒。如果可以，盡量與他們保持簡單的關係就好。諾斯拉普博士說，即使對方批評我們這種「放任」的做法是不關心他們，你也不要在意。

若對方是你的至親好友，善良的你實在無法對他們置之不理，也可以嘗試另一種做法。你可以認同他們的負面想法，譬如說「我知道這對你來說有多難過，這件事真是糟透了。」諸如此類的話。

這種做法乍看之下，似乎違反常理，但是強化對方的負面情緒，或多或少能幫助他們感到放鬆，因為當他們覺得不需再為自己的壞情緒進行辯解時，將有助於他們朝更有益的方向前進；也或許當他們「看見」自身負面的情緒時，反而能有所突破。姑且不論結果如何，至少這個做法，可以讓他們意識到自己身處負面狀態時的模樣。

這個方法不僅能幫助他人，對你自己也會有很大的助益。當我們想抵抗別人的負能量時，自己也會感到負面。因此，我們只要純粹當個旁觀者，順其自然地讓對方的負面情緒產生與離開，而不要像海綿一樣吸收別人的負能量。

下次當你身邊有人想要發洩時，試試這個練習，以積極的方式來處理他人的負面情緒，然後感受自我提升的成果。

奇蹟訊息

讓散發負能量的人看到自己的真實模樣，可以幫助他們超越問題。

31

別為小事抓狂

　　每個人難免都會有情緒失控的時候。雖然理智上，我們都知道要盡量壓抑怒氣，避免衝動做出具破壞性或攻擊性的言行。但當氣急攻心、火冒三丈時，很少人能保持冷靜，有時甚至還會出現大哭大鬧、歇斯底里的失控行為，某種程度來說，這跟無理取鬧的三歲小孩其實沒什麼兩樣。

　　下面這個昆達里尼冥想法，能幫助你轉化心境，舒緩神經，情緒不暴走。

　　步驟一：輕鬆地盤腿席地而坐。
　　步驟二：這個冥想的手印男女有別，女生的手印是將左手舉起至耳朵下方，大拇指碰觸無名指，然後把右手放在腿上，以大拇指碰觸小指。

　　如果是男生，就將抬起的手對調，但手指的手印仍相同，也就是右手舉至耳朵下方，大拇指碰觸無名指；左手放腿上，

以大拇指碰觸小指[10]。如上頁圖示。

步驟三：眼睛微張，大約像新月一樣的程度，以深長並放鬆的方式進行呼吸。

我建議這個冥想做十一到三十一分鐘的效果最好，但就像我在本書中常說的那樣，即使只做一分鐘，也會有不錯的效果。

在冥想結束前，把雙手高舉超過頭頂，快速地甩手幾分鐘。我建議你在甩手時可以播放「芙蘿倫絲機進份子」樂團（Florence + the Machine）的歌曲「Shake It Out」，相信你可以從搖擺身體的動作中獲得樂趣，同時把有毒能量都抖落掉。

當你陷入不理性的困境時，就可以運用這個冥想法，也可以每天練習來保持平靜。

奇蹟訊息

每次呼吸時，我都能感受平靜。

---

10 譯註：以大拇指碰觸無名指，能緩解焦慮及壓力，有助於引導你達成目標。
大拇指碰觸小指，則有助於平衡情緒。

32

保持平靜，成功就在不遠處

　　我在二十五歲那年，經歷了情感、精神和健康的困境後，才開始體會到平靜的重要性。我認為「為何我會陷入困境」並不是重點，重要的是我終於讓煩躁的心回歸平靜。

　　我透過冥想、禱告、致力於內在覺醒。我意識到我最大的成就，都是因為平靜而產生，而我也因此才開始懂得生活。

　　如果我們一直將注意力放在內心喋喋不休的想法上，總是身陷迷惘和擔憂中，我們將因為內在的噪音，而無法「聽見」內心真正想告訴自己的事。隔絕噪音，讓身體和精神歸於寧靜，才能和心靈真正產生連結。而後，你只需要遵循內心所發出的指引行事。也就是說，將生活步調慢下來，你就能聽到來自內在神性的指引，你就是神，力量不需外求，它就在你之內。

　　有一次我曾聽知名企業家，同時也是瑜伽修行者羅素・

西蒙斯[11]說道：「我曾經認為是焦慮和失眠讓我成功，但現在我不會這麼想了，我相信是平靜讓我把每件事都做好。只有保持平靜，我才能思考和學習。」

我非常贊同他所說的。想要成功，必然要擬定諸多決策，而保持平靜才能讓我們冷靜思考，做出正確的決定。心靜與成功可以形成一種正循環，只要內心平靜，就可以達成任何目標。

在本書中，你會學到不少獲得平靜的方法及工具。在這些方法中，我認為很有效的一種做法，能讓你將注意力從「外在」轉向「內心」，那就是當你覺得心慌意亂、毫無頭緒時，先停下正在做的事，讓自己靜下來，深吸一口氣，再慢慢吐出來，如此進行數次，並把注意力放在呼吸上。你會發現平靜的感覺逐漸從身體的各個部位產生，然後會一直蔓延到你的想法中。

奇蹟訊息

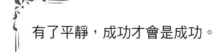

　　有了平靜，成功才會是成功。

---

11 譯註：Russell Simmons，引領嘻哈文化的嘻哈教父，同時也致力於抗暖化、動物保育等社會運動。

33

好人卡領不完？學會說「不」吧！

　　我的好友，作家兼勵志演講家納森・湯瑪斯（Latham Thomas）曾說過一句讓我受用無窮的話：「『不』，就是個完整句。」

　　有時候說「不」是很困難的，特別是當你害怕會讓人失望時。雖然我自認為是個有明確界限的人，但難免仍會身陷棘手的境地，不好意思拒絕別人。

　　最近就發生一件這樣的事。

　　我和一位好友共同接了一個案子，我們花了好幾個月的時間，頻繁開會討論繁瑣的細節，試著搞清楚法律的許多規定。經過一段時間的努力後，我發現自己其實並不適合跟這個朋友合作，但我不想讓對方失望，覺得有義務繼續執行下去。我的理智和心靈是互相矛盾的。為何拒絕別人會如此困難呢？

　　為了解決這個不安的困擾，我知道我需要先靜下來想清楚。於是我準備冥想墊，打算請求我的內在指引，也就是直

覺，協助告訴我該如何進行下一步。經過幾分鐘的靜坐後，我心裡響起湯瑪斯的那句話，還有我另一個朋友瑪莉‧佛萊爾[12]曾告訴我的：「很簡單，如果不是他媽的『沒問題』，就是他媽的『不要』。」

我相信，這就是深層自我已經告訴我答案了。於是，我打電話給朋友，委婉告知無法再繼續與她合作了。事後也證明，我的決定的確讓我避免一場大災難。

我們必須體認到，只要是違背我們中心思想的任何妥協行為，最後都會徒勞無功。許多問題也都是源自於我們想要討好別人、需要別人肯定的心態。一旦我們認清這點，那麼我們的拒絕反而會是善意的表現。

當你拒絕別人時，有些人會感到不高興，因為他們可能預期你會答應請求。而善於操控的人則會利用各種手段，試圖讓你接受他們的要求，因此你要留意這些心理操縱者。隨著越來越善於使用「不」這個詞，你將能更自然地拒絕他們的要求。

開始練習今天的技巧前，先檢視生活中有哪些是你很想要拒絕、卻仍硬著頭皮答應的事情，然後想想這些事如何影響你的人際關係和幸福。下面列舉一些狀況，可以幫你踏出練習的

---

12 譯註：Marie Forleo，美國知名兩性專家，同時也是作家、演講家、企業家、生活教練、塑身教練和舞者。

第一步：

- 在什麼情況下，我會不懂得拒絕？
- 不敢拒絕別人這件事，對我以及其他相關的人會產生什麼影響？
- 如果我說「不」，對我和其他相關的人有什麼好處？

　想必現在你比較清楚自己的狀況了吧！拒絕並不代表你是自掃門前雪，完全自私地不管別人死活，而是表示你有權利做出「要」或「不要」的選擇。

　接下來，就是練習說「不」了。就像本書一再提及的，所有新習慣的養成都需要重複練習。雖然剛開始你會覺得尷尬、不安，但沒關係，採取行動就是克服恐懼最佳良藥。當你越懂得視自身情況適度婉拒別人，你會發現，這其實並沒有你想像中那麼難，也會有更多人因為你不隨意打包票而感謝你負責任的態度。

奇蹟訊息

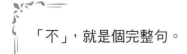

「不」，就是個完整句。

34

面對誘惑時，先演齣內心戲吧！

要改變一個壞習慣，剛開始可能會很困難。真正的改變，需要決心並重複進行新的行為。在採用新行為的過程中，我們的小我常會試圖勸說我們放棄。

拿我的例子來說，在我戒咖啡的第一年，每當我經過咖啡館聞到新鮮咖啡豆的烘焙香味時，總是非常掙扎，面對這每日的誘惑，讓我很多次都忍不住想要買杯熱騰騰的咖啡。我對咖啡因上癮的程度顯然遠超過我的意志力。

最終，想要喝咖啡的慾望，強烈到我只差一秒就要付諸行動了。為了不讓自己陷入這種無法克制的執念與循環中，我採用了一個技巧來讓自己保持理智。這個技巧就是，當我發現自己即將走入咖啡店時，就跟自己玩個想像的遊戲。

首先，我想像自己已經坐在咖啡廳裡喝咖啡了，然後，我「看到」自己因為咖啡因作祟而變得異常亢奮，甚至無法好好跟人說話。接著，我會繼續想像我喝了咖啡半小時之後的慘

事，我的能量會急劇下降，整天都處於昏昏欲睡的狀態。此外，我的胃會不舒服、頭會痛，完全無法工作。這些症狀都是我喝咖啡後典型的副作用，所以事先在心裡預演這些狀況，對我來說真是再熟悉不過了。

經過三分鐘的內心戲，已經完全喚起咖啡對我造成所有壞處的記憶了，因此我可以很輕易地過咖啡館而不入，改朝果汁攤走去。

小我就像個狡猾的橡皮擦，會擦除我們面對真相時的認知，導致我們重回舊有的行為模式，忘記最初選擇停止或改變這些行為的原因。

當你面臨即將重新陷入過去不良行為的情況時，透過讓自己置身於未來可能發生的情境中，並想像整個過程的結果，有助你更清楚認識重新陷入舊行為可能導致的後果，進而做出正確的選擇。

或許你在戒酒九十天後打算給自己調杯雞尾酒慶祝一番，又或者你忍不住想傳簡訊給一個明知不適合你的情人。無論是什麼問題，只要感到懷疑，或決心有所動搖時，就先演齣內心情境劇。

記住，要把整部戲從頭到尾演完，而且不要只演有趣的部分，難堪的部分也都要真實演出來，一直到你認清結局多麼具有毀滅性為止。你的誠實將會提醒你莫忘初衷，適時將你拯救

出來，免於重蹈覆轍。

奇蹟訊息

當你的決心動搖或有疑慮時，先在大腦裡把所有過程從
頭到尾都預演一遍。

第 3 章

愛

「心靈不在它生活的地方，而是在它所愛之處。」

——英國諺語

35

用念力傳送祝福

你曾碰過這種奇妙的時刻嗎？就是當你正想到某人時，對方就打電話過來了。這種狀況其實不只是巧合而已，事實上，剛好相反。這種時刻是提醒我們，自己和他人的心靈是相通的。我們所想的、所感受到的事物，就會被吸引到我們身邊。這個概念也適用在我們和他人的連結上。

理智告訴我們，我們如何和他人心靈相通是無跡可循的。然而，《奇蹟課程》說：「得救絕非意外，注定要相遇的人終會相遇，因為他們一起擁有了神聖關係（holy relationship）的潛力，他們都已經為彼此做好準備。」你可以從這個概念來思考我們和他人的關係，並藉此突破人際間的隔閡與障礙。

在《奇蹟課程》裡也提到：「所有人的思想都是相互連接的。」這句話充分體現了瑜伽大師 Yogi Bhajan 所說的「他人即為我」的概念，也就是說，我們共同構成了一個整體，所有人都是彼此相連的一部分，思想和意識也能共享與交流。

也許你覺得和所愛之人無法心靈相通，或者你不明白為何老闆不喜歡你，諸如此類的負面想法都會讓你心裡產生雜音，或築起心牆以防止自己受傷。

下面的練習將幫助你放下怨懟，找到平靜與快樂，而且和不論關係有多疏遠，又或是多難搞的人，都能建立起連結。

步驟一：輕鬆地坐在椅子上或地上。

步驟二：以鼻子吸氣、鼻子吐氣的方式，進行長長的深呼吸。

步驟三：在呼吸的同時，想像讓你煩惱的那個人的影像，並想像這個人就站在你面前。

步驟四：當你吸氣時，想像有道白光照射進入你的心中。

步驟五：呼氣時，想像這道白光從你的內心延伸到你面前那個人的心中。

步驟六：允許這道光芒消融你的怨恨，並重新建立與他們的情感連結，恢復和諧和相互理解的狀態。

這個冥想除了可以幫你化解心結，不再成為情緒的囚徒之外，最棒的是你隨時隨地都能進行。例如，你可以在辦公室中，想像把心中的那道白光傳送給某個一直默默在幫助你的同事；也可以對遠在千里之外的人做這個練習。當你進行冥想之

後，如果你剛想到的那個人突然打電話來，或對你傳送關心的訊息時，你可千萬別被嚇到！

此外，進行冥想時不要期待特定的成果，而要專注在達到內心的平靜與和平。因為我們要期待的並不是獲得功利性的益處或回報，而是要充分感受愛與寧靜的能量。

奇蹟訊息

所有人的心靈都是相通的，彼此也能產生共鳴。

36

愛在何處？

當我們覺得人生被困住，進退兩難時，那是因為我們選擇以恐懼而非用愛的角度，來看待自身的處境。因為愛是徹底的無所畏懼，在愛裡，恐懼是不存在的。只要愛在哪裡，那裡就會有出路；當我們忘記還有愛時，就會產生種種限制。

現在要做的練習，就是喚醒你愛的能力，並化解所有的界限。

這裡要先釐清，在本書中大量出現的「愛」，和情人之間的「愛」是不同的。在《奇蹟課程》裡，愛的定義是「充滿和平與喜悅的情感」。愛是一種能量，我們雖然無法證明它的存在，卻可以感受它的存在。當我們處在愛的狀態裡，我們會對所有人都一視同仁，並且無畏而自在。

《奇蹟課程》告訴我們：「不管任何情況，你唯一欠缺的東西就是你尚未付出的事物。」這真是非常有力的訊息，它提醒我們，你的所有就是你的所是，你就是自己的主人，不必等

外來的力量改變自身的狀態。

　　所以，當你發現自己陷入困境或無法跳脫負面的思考模式時，就問問自己：「愛在何處？」想想自己有哪些地方欠缺表達愛，像是你有哪些地方可以表現得更和善、可以多付出些，或是能更多愛自己和別人一點。

　　例如，如果你覺得在一段關係中陷入困境，認為是自己或他人造成阻礙，你可以問自己：「愛在哪裡？」在你心中搜尋所有與愛有關的想法和結果，來替代你選擇感知的恐懼。列出能體驗愛的各種新方法（在內心或以文字表列皆可），然後選擇其中一種你認為最適合、也最有可能帶來積極改變的方式，並下定決心予以實踐。也許你會選擇關注你喜歡對方之處，而不是會令你生氣的無謂小事；又或者當你發現自己不夠寬容時，可以改用更善良的角度重新看待對方。

　　持續為你預計抵達的新世界努力，並讓它成真。體認到任何時刻，你都可以用愛化解所有的限制。

奇蹟訊息

愛可以化解與突破所有的限制。

37

把愛傳出去

　　你是個愛批評、指責別人，對很多事情都看不順眼的人嗎？例如，當你在某些場合（例如辦公室）自覺像是個局外人被排擠或冷落時，就把負面想法投射到他人身上，藉此保護自己不受傷害。

　　雖然批評別人可能會讓你覺得非常痛快，不舒服的心情能暫時獲得緩解，但從長遠來看，它並不會讓你感覺更好。當我們在情感上與人產生隔閡時，就是與內心愛的本質失去了連結，這使得我們不再能以包容、理解和慈悲的態度，與他人建立親密的連結。

　　要突破這種障礙最快也最有效的方法，就是把愛傳給每個人。不過，我可不是叫你到大街上隨便擁抱陌生人。就像你從第13個心靈練習中學到的，無論你到何處，都會留下一個強大的能量印記。在此，我要教大家一個能傳遞愛的意念和能量的技巧。

你可以透過誠心的禱告、一個微笑，或只是在內心許下簡單而真誠的願望，都能把愛傳送給你遇到的人。像是在你踏進辦公室前，可以在心裡默唸：「我祝大家能有美好的一天。」藉此把祝福默默送給同事們。晚上踏進家門前，在心裡為你的家人、室友，甚至是你的貓咪祝禱。

《奇蹟課程》告訴我們，禱告是奇蹟的媒介。透過一個簡單的愛的禱告，你可以改變別人的一天。也許他們並不知道你為他們祈福祝願，但可以肯定的是，他們一定會感受到那股神奇的願力。

Yogi Bhajan 大師曾開示說：「如果你無法在眾生中看見神性，那麼你就無法感覺到神的存在。」我們可以用「愛」這個字，來替換上述這句話中的「神」，道理也是相通的。假如你想在生命中體驗到神聖的愛，那麼就先練習在眾生中感受愛。

愛是一種能力，能在付出中更加豐盛和成長。把自己想像成是一台愛的機器吧！透過祈禱、微笑或積極正向的想法，你可以改變某人的生活。當你付出的愛越多，就越有愛的能力。

奇蹟訊息

如果你無法在眾生中看見愛，就無法感受愛的存在。

38

一分鐘的感恩練習

當我們壓力過大，生活一團忙亂時，會很容易忘記什麼對我們才是真正重要的事，糾結於匱乏的事物，像是我們所欠缺的東西、不順遂的煩心事……等。

每當我處於這種狀態時，我就會打給我的好友泰莉・柯爾[13]，她是個有執照的心理諮商師，也是生活指導界的明星級教練。她總是知道如何讓我冷靜下來。

泰莉曾建議我做一分鐘的感恩練習，我覺得非常受用，而且每次都很有效，在此跟大家分享。

平常就把你喜愛的風景照片、心愛的人的照片，或任何可以讓你感動、激勵的照片，存在電腦螢幕或手機裡，也可以放在隨身攜帶的皮包裡。當你感到壓力、焦慮、恐懼時，騰出完全不被打擾的一分鐘，觀看這些照片，讓自己從胸中湧現感恩

---

13 編註：Terri Cole，著有《有界限，才有自由》（時報文化出版）。

和愉悅之情。然後慢慢吸氣，並從1數到5；再慢慢吐氣，同樣也是從1數到5。然後回到當下，並對目前生活中所有事情都抱持感激。

我很喜歡這個練習，而且它每次都很有效！若是我們專注於負面思考，便會降低自身的能量，阻礙我們感受快樂、健康、活力的能力。反之，如果把心思放在正向、美好的事物上，便會增強生活中各個層面的能量，同時也會注意到我們所擁有的，而不會聚焦於欠缺的事物。此外，感恩擁有磁力，當我們越懂得感恩，所產生的願力就會越強大。

一個人是不可能既心存感激，又同時不快樂的。現在就拿出圖片，進行一分鐘的感恩練習，激發內心產生幸福快樂的感受吧！

奇蹟訊息

練習「感恩」，這是上天賦予我們達到內心平靜最具威力的工具。

39

在慈悲眼裡沒有敵人

　　瑜伽大師Yogi Bhajan曾提到關於水瓶時代（請見第68個心靈練習，對於「水瓶時代」有詳細的說明）的五句箴言（five sutras）。

　　所謂的箴言，就是雖然只有短短的一句話，但卻能涵蓋許多知識。因為以前古老時期的知識都是師徒以口語方式相傳，並沒有文字記載，所以必須用短短的幾句話來濃縮深奧的教導，以方便記憶與傳遞。

　　其中有一句箴言是這樣的：「用慈悲心去理解一切，否則你就會誤解所有的機遇。」

　　對於這句箴言，Yogi Bhajan是這樣闡釋的。他認為，當我們看到別人受苦時，很容易產生同情心。但是對那些傷害過我們的人，如何才能也心懷慈悲呢？這是一項艱巨的任務，有時似乎也是不可能的。當我們受到不公平的對待時，同情心多半是我們大腦中最後才會想到的事。但是為了你的幸福和世

界和平，我們都必須學會在這個混亂的時代依靠同情心，幫助我們解決問題與面對困難。

在看到別人不開心的時候，我會想安慰他，或是在對方有困難時，我也願意出手相助。但是一旦有人傷害了我，要我以同情心壓制負面情緒，那就很困難了。在這種情況下，人們多半想進行報復，並保護自己不受傷害。

當我有想反擊的衝動時，我會求助於下列記載於《奇蹟課程》中的禱告，祈求產生同情心：「我祈願能以平和代替我沮喪、焦慮或擔憂的情緒。」這個溫和的提醒能幫我打開同情心的大門。

真正的慈悲代表我們會對每個人一視同仁，甚至對我們的敵人也能心生同理和寬容。我覺得瑜伽大師 Yogi Bhajan 的這句箴言，是引導我們在這個令人恐懼的混亂年代，能夠以慈悲度過各種難關的訣竅。他希望我們都能從別人身上看到自己，然後在我們的人際關係和行動中，將慈悲作為引領我們前行的動能。

請記住，慈悲不是我們刻意創造，而是在生活中經歷的一種情感狀態。當大多數人都懷有慈悲心時，這世界將不再有戰爭、仇恨和攻擊，世界將一片祥和。

奇蹟訊息

用慈悲心理解一切，否則你就會誤解所有的機遇。

40

毀滅性的攻擊，只有在愛中得以平息

　　某日下午，我正在瀏覽 X 的動態時，看到一則來自我的好友喬登・巴哈（Jordan Bach）很棒的貼文。

　　喬登是知名的部落客，同時也是同志平權的捍衛者。這則貼文寫道：「要推廣你所愛的，而非抨擊你所討厭的事物。」當下我就立刻轉發了這則貼文。

　　喬登就如同我，以及很多網友一樣，都曾遭遇網路霸凌，但他將自己的生活和精力都奉獻給同志團體，致力於傳播正能量給同志朋友。即使他的出發點是「愛」，但仍在網路上受到嘲笑與攻擊。

　　這對他來說當然非常痛苦和沮喪，不過他並沒有因此而退縮。他不是自怨自艾地當個被人欺負的受害者，而是與別人分享他所愛的事物，成為照亮他人的燈塔，他繼續勇往直前，為他的理想奮鬥。

　　我深信散播更多的愛，就是對抗攻擊和抵擋負能量的最佳

辦法。甘地曾經形容自己是「維持和平的心靈戰士」。現在我們所處的世界已經有太多糟糕的事情發生了，為了平衡這世界的能量，我們每個人都應該效法甘地的精神，凡事要多點讚美與欣賞，少點抱怨和惱怒。

我們也要對自身能量和意圖，對這個世界所造成的影響負責。如果你是那種不經思考就論斷他人、會在網路上隨意謾罵、寫不雅貼文，或是抨擊別人的人，那麼應該好好反省你的負面能量，對這個世界造成了什麼影響。只要你願意，你一定有能力提升自己和改變他人的狀況。所以，做出聰明的抉擇吧。

現在就把這個奇蹟訊息放上你的社群媒體上，並對自己承諾也會努力實踐。如果每個人都只散播他們喜愛、令他們愉快的消息，而不是抨擊他們討厭的事物，這世界將會充滿歡樂。

奇蹟訊息

要散播你所愛的，而非抨擊你所討厭的事物。

41

拜託別再那麼負面了好嗎?!

　　每週我都會在我的電子報裡放一段與心靈議題相關的影片，並在影片中提供我的想法與建議。

　　有一次，我上傳了一段主旨是「如何應付負面想法的人」的影片。幾分鐘後，我收到一位叫金柏麗的網友留言，她寫道：「蓋比，我更需要妳上傳『如何停止負面思考』的影片。很多人都說我很消極，但我不想再這樣下去了，我想要成為一個樂觀、有自信、別人喜歡我、我也喜歡自己的人。教教我，到底怎樣才能停止負面思考！」

　　金柏麗的求救信啟發了我錄製有關這個話題的影片，同時也促使我在本書分享解決這個問題的方法。

　　負面思考會降低個人能量，也會阻礙你的人際關係和親密關係。

　　以金柏麗的案例來說，她已經到了再也無法忍受別人（還

有自己）老認為她是負面、厭世的人，她想要展開新的人生。

好消息是，她可以隨時改寫這個人生的新篇章。想要拋棄負能量、展開新的人生，永遠都不嫌遲。

改變心態的步驟，包含了意識和潛意識兩個層面。在意識層面，我們必須對經常困擾自己的負面想法有所覺察，並且願意放棄成見與執著。

舉個例子。面對失業這件事，如果你是負面思考的人，你會這樣想：「我被裁員了→我沒有一件事做得好→心情真是糟透了。」現在，你不妨換個方式這樣想：「我被裁員了→我想真的是因為大環境景氣不好→我再想辦法找新工作吧！」像這樣，把「情境→負面想法→負面情緒」，轉換為「情境→正面想法→正面情緒」，練習改變看待事情的角度。

一件事情其實可以是中性的，就看你要從正面或負面觀點看它，而這也將決定你是擁有前進的動力，或是成為你沉溺於自怨自艾的阻力。

在潛意識裡，我們必須讓心靈有可以轉變的空間。你可以決定自己的生命品質，而這端視你要在大腦裡播放正面或負面的訊息。如果你覺得悲傷或憤怒，就會吸引同類的想法；但如果你充滿愛，便會吸引更多愛的想法。

在《奇蹟課程》裡提到：「愛會迅速進入任何需要它的心靈裡。」如果你相信自己會有一個充滿喜樂與愛的人生，現在

就練習放棄負面思考，並讓內在嚮導引導你，表達出你需要愛的正能量需求。

奇蹟訊息

每個人都可以改變，愛的想法就是轉變負能量的有力媒介。

42

擺脫依附，解開能量枷鎖

在關係中，我們經常忽略自身能量如何影響他人。當我們希望和別人產生更深層的連結、發展更進一步關係，又或者是對於跟我們很親近的人，就常會表現出積極到過頭、幾乎令人窒息的壓迫感。

許多在情感上過度依附他人的人，都會根深柢固地認為：「如果自己對別人沒有利用價值，就一無是處了。」又或是覺得：「雖然我跟我的另一半在一起並不開心，但我離不開他。」這些想法可能源自於我們在教養過程中被灌輸的觀念，或因以前心靈受傷的經驗導致，抑或是缺乏安全感及被愛的需求。不論是何者，了解我們產生情緒依賴背後所隱藏的深層原因，才是你能產生改變的關鍵。

以我自己為例，我曾在與另一半大吵一架，捫心自問對感情的看法後寫下：「如果身邊沒有伴侶，我就會覺得自己不完整。」原來，我過度以他人為中心，缺乏安全感，在感情生活

中極度依賴、愛操縱，這些控制狂的行徑，就只是源自於一個「怕自己不完整」這樣的思考模式！

為什麼我得要有人陪伴，否則就會活不下去？為什麼沒了男人我就會覺得自己一無是處？我不想一輩子被困在莫名的堅持裡，也不願別人成為我情緒的奴隸。畢竟，當我們越仰賴別人來滿足自己的需求，對對方的掌控力道就會越強，我們就越可能表現得更黏人而無法獨立，甚至還會把對方嚇跑。

在探討自己為何想掌控別人的同時，也要注意你內心會產生什麼樣的情緒，是恐慌，還是失落？另外，你身體的某個部位有緊繃感嗎？花點時間對自己描述這些感覺，就像為它們塗上顏色、披上布飾一樣，讓這些看不見的感受能具體呈現。而且你要把這些感受描述得越詳細越好，它們全都隱藏在控制欲的外衣底下，這些感覺從未被治癒。

釋放你想強力控制他人需求的關鍵，就在於療癒控制需求背後的感受。每當你發現自己的壓力上升，恐懼來襲，必須壓制會與人產生衝突的能量時，就是感覺這種感受的最佳時刻。這時，你可以利用本書中一再強調的呼吸技巧，幫助你邁向「擺脫依附」的歷程。

花一分鐘的時間做以下的練習。閉上眼睛，或是把視覺焦點固定在你眼前某個靜止的物體上，然後把你感受到的負面感覺吸入體內。或許這時你的腹部肌肉會覺得緊繃，胸口悶悶

的，又或是你正緊咬著牙根，但無論是怎樣不舒服的感覺都沒關係，把氣導引到上述那些讓你覺得不適的部位，然後吐氣，將控制欲、壓力、不快樂等所有你不想要的感覺隨著氣息一起呼出，讓自己在呼吸的過程中放鬆身心，釋放掉控制的需求。

持續進行練習，直到它變成你的本能為止。

奇蹟訊息

過度的需求會讓愛窒息。發現自己執著於某種關係時，學會放下，讓自己跟別人都獲得自由。

讓心替代腦，產生愛的荷爾蒙

要擺脫壞情緒，召喚幸福前來，最簡單的方式就是從日常生活的行動做起。

生活中某些特定的行為會讓頭腦分泌催產素[14]，又稱為「愛的荷爾蒙」，因為這種荷爾蒙能引發愛、信任及親密的感覺。換句話說，催產素能改善你的情緒，當你心情低落時，催產素的分泌能讓你在心裡產生「與他人的連結」，並恢復能量。

有好幾種自然的方法可以激發催產素的分泌，而且隨時隨地都可以進行，只要一分鐘就能產生神奇的效果。以下就介紹三種能催生愛的荷爾蒙的方法。

---

14 譯註：Oxytocin，腦下垂體後葉分泌的一種荷爾蒙，會刺激情感上的強烈聯繫和親近。

把手放在心臟處

這是我的朋友艾莉兒‧福特[15]教我的方式。她說，把手放在心臟上，把專注力放在心臟處，在呼吸的同時，也想像愛、慈悲和輕鬆自在的感覺遍及全身，就能刺激催產素分泌，並傳送愛的信號至身體各個部位，通知它們現在是安全的。

心臟能不受大腦與自主神經系統的約束而獨立做出決定，尤其是當它處於和諧統一狀態，也就是平和狀態時，就像是個強力的電磁發送與接收器，能使大腦遵循它的電頻信號。因此，當你內心感受到安詳寧靜時，也會傳達這樣的訊息到大腦，讓腦部釋放催產素，進而降低血壓和可體松（壓力荷爾蒙）濃度，使壓力大大減低，幫助我們療癒和感受幸福。

把手放在心臟上，更可以透過心跳，確實感受到愛與自己的連結。

擁抱你愛的人二十秒

沒錯，就是這麼簡單。給你愛的人一個大大的擁抱，並且確定對方也有所回應。

---

15 譯註：Arielle Ford，身心靈電影社的發起人之一，該團體致力於製作鼓舞人心、振奮情緒的DVD影片，並協助許多心靈成長類暢銷書作者開創寫作生涯，當中包括《時代週刊》稱之為「心靈之王」的狄帕克‧喬普拉、《心靈雞湯》系列的共同作者傑克‧坎菲爾等。

擁抱不僅是簡單的身體接觸，更重要的是它能創造與他人產生情感上的連結，進而刺激催產素分泌。所以，給你心愛的人、好朋友，甚至是寵物來個愛的抱抱吧！兩個生命體之間的親密連結，能夠徹底改變你的心情。

展現你的笑容

發自內心的真誠微笑，可以創造情感連結。

對你認識的人微笑，也對遇到的陌生路人微笑。大方而真摯的笑容，是世上最美的共通語言，同時你也會感受到有股愛的暖流注入心底。

並不是情侶或家人間的愛才算是愛，任何真誠的交流都是愛。在生活中增加與人的互動和信任，並相信這樣做不僅能讓自己受益，同時也是在散播愛、快樂與幸福。

奇蹟訊息

任何真誠的交流都是愛。

44

在親密關係中學習成長

我們都希望能找到一個真心喜愛的伴侶，維持一段長久而幸福的親密關係。然而就像所有的人際關係一樣，伴侶或婚姻關係發生衝突與爭執也在所難免。尤其是當我們與另一半的浪漫幻想消退後，會發現當初對方所呈現的完美形象，可能只是出於自己的幻想或期待。

如何與另一半一起努力突破困境，重建信任、親密和愛的關係，成為感情生活中極大的挑戰。

我當然也無可避免會與伴侶發生衝突與爭執。剛開始，我通常會反應過度，或是採取強烈的防衛心態，讓事情變得更糟。

後來，我實在很厭倦這種惡性循環了，我決定非改變不可，不能再任性發飆。我試著在衝動反應前先不採取任何行動，利用深呼吸平復情緒，也不惡言相向，而是保持靜默，傾聽內在聲音告訴我如何能快速化解爭端歧見。

而我的這個舉動也會讓對方察覺到，我並未如他預期，像以前一樣再度發怒失控。顯然，保持靜默不只對自己有效，也會提供對方思考的空間與機會，促使他也做出改變。

當你處在巨大的情緒風暴中時，另外還有一個很有用的方法，可以轉換你的心境，就是你必須接受「對方可以有不同的看法」。真正的親密關係是，誠實做自己，並容許別人也如此。有時候，同意別人的不認同可以降低衝突，尊重別人能跟你有不同的意見，是化解爭執的關鍵。

在此我引用 Yogi Bhajan 大師的一段話：「兩個完全不同的人在一起生活，必須同甘苦共患難，才算是真正結合。但是在現今社會中，我們卻只能有福同享，不能有難同當。不管是哪一種關係，只想同享福，不願共患難，那麼這種關係就無法存在。」

我非常喜歡這段話。我相信在親密關係中所產生的摩擦與稜角都是可以克服的，也相信這些磨練都是為了讓我們成長和療癒的神聖任務。

奇蹟訊息

讓學習建立和睦的親密關係，成為你心靈成長和療癒的神聖課題。

45

愛，就是你生活的目的

　　我常聽到人們抱怨他們不知道活著是為了什麼，他們覺得迷惘、失落，生活也沒有重心。你也有這種感覺嗎？如果每天醒來都有「此生不知所為何來」的念頭，的確是非常令人沮喪的事。

　　當然也有不少人，他們每天都鞭策自己要不斷進步，非常自制地生活，為的就是要向世界和自己證明，他們是有價值、有能力、有用的人。但這些向外尋求生命意義的方式，無法帶來持久的滿足感，終將使我們感到空虛和失望。

　　我現在已經了解，生活目標無需外求，因為它會自己來找我們。當我們循行心靈成長之路，把為了抵禦真實感受而由小我所創造的假象層層剝除時，將會發現自己真心想追求的事物，以及何為真實的事物。在全然接納自我的平和狀態下，我們才能接收到指引。

　　有些人的指引是他們必須對世界有所貢獻，有些人是要為

這世界帶來新生命，而有些人則是必須徹底寬恕某些人。你收到什麼指引並不是重點，重要的是你必須為這世界帶來更多的愛。當你的行動是基於愛而出發，你就正在實踐真正的人生目標了。

當你執著於尋找你的生命目的時，記得提醒自己，你不需要追尋任何事，只要繼續學習心靈的提升，並相信你的目的將會自己找上門，也相信心靈成長和內在覺醒就是你所需要的。只要你有耐心，順應內在智慧的引導，你會發現自己逐漸靠近愛，並實現生命中的真正目標。

奇蹟訊息

你不需要尋找生活的目的，它會自動來找你。

46

在付出愛的時刻不會恐懼

《奇蹟課程》教導我們，奇蹟源於信念。要過奇蹟生活，就必須持續努力創造奇蹟。

奇蹟是從堅持不懈中誕生。無論發生什麼事，我們都願意敞開心胸去愛，這就是奇蹟。而我們心中愛和堅定的信念會顯現於外在，使我們看起來更具光彩和魅力。

我們總以為愛的反面是恐懼，但愛無所不容，自然就沒有對立面，既然沒有對立，恐懼必不存在。也就是說，恐懼不是真的。凡是真實的，就不受任何威脅；凡是不真實的，根本不存在。因此，我們必須盡可能積極選擇以愛來取代恐懼。

接下來，你即將進入本書下半部分的內容。截至目前為止，你已經在鍛鍊心靈上培養了很好的紀律，現在該是提高你覺醒層次的時候了。

當你被小我干擾奇蹟修行，又或心存懷疑時，運用下面這個訊息提醒自己：「只要真心渴望愛，愛便會即刻降臨。」渴

望可以讓你持續努力，完美的愛能消除恐懼，奇蹟自然會從堅持中發生。

每一天不斷致力於心靈修練，就會日起有功，每個新的一天也會讓你學習、成長，和加強對愛的信仰的機會。

奇蹟訊息

你的願望就是你的信念。只要真心渴望愛，愛便會即刻降臨。

第 4 章

身體

「疾病不僅只有身體故障，更常是因為心的故障。」
——西塞羅（Marcus Tullius Cicero），古羅馬演說家、政治家

47

一分鐘克服舞台恐懼症

　　不管是演講、做簡報，或婚禮致詞時，我們都會站在大庭廣眾前，成為眾人注目的焦點。姑且不論台下有多少觀眾，對著群眾講話都要有勇氣。有些人對這種場合的反應更是嚴重，我就曾看過一個非常有自信的人，在台上緊張到連一個字都說不出來。這種「舞台恐懼症」會讓人無法發揮真正的實力，也會妨礙職涯發展。

　　之所以產生舞台恐懼症，是源於「在眾目睽睽下會很放不開」、「我所說的話不會被贊同」等的不安想法。想要戒除焦慮，對上台不再心生畏懼，就必須調整人在大腦中主導產生情緒的杏仁核。

　　杏仁核主要負責焦慮、急躁、驚嚇及恐懼等負面情緒。一旦面對突如其來的刺激，杏仁核會搶在大腦弄清楚發生什麼事之前，就先用恐懼這一類的強烈情緒，來支配身體進行快速反應，轉成「戰或逃」的本能模式。

按壓身體經絡的某些穴位，可以抑制杏仁核的反應。這種方式和EFT敲打法 16 有點類似，也可稱為指壓。當我們按壓身體經絡的某些穴位時，可以讓心情平靜，同時激發大腦產生新的感覺（更多相關的技巧，請參考第49個心靈練習）。

我的好友約瑟夫・阿曼必爾・楊，是昆達里尼瑜伽老師，同時也是具有執照的針灸師，他的專長是幫助人們釋放壓力、舒緩緊張，不被負面情緒綁架。他說：「每個穴位對我們的心理會產生不同的影響。當我們對於上台感到焦慮時，先用中度力道按壓外關穴（在前臂外側，手腕橫紋上三橫指處）約一到三分鐘，便可以產生勇氣和自信，克服我們與外界接觸時產生的恐懼。」

當你需要上台演說或當眾表演時，記得試試這個神奇的訣竅，也別忘了和你的朋友們一起分享這個訊息。

奇蹟訊息

我要帶著自信站上舞台，因為這世界需要我的智慧之光。

---

16 譯註：一種輕敲穴位的情緒紓解療法，原文為EmotionalFreedomTechniques，簡稱EFT。人們大部分的病痛是來自未被妥善處理的情緒癥結，而它們會儲存在我們的體內。藉由敲打身體上與情緒對應的穴點，可以釋放體內的負面能量，使身心得到療癒。

48

讓自己關機，好好睡一覺

不論你是「早起的鳥兒」還是「夜貓族」，睡眠都是很重要的事。要獲得能恢復體力的休息，就要從一夜好眠開始。

哈芬登郵報總裁兼總編輯雅莉安娜・哈芬登（Arianna Huffington）在一次受訪中，曾提到睡眠對於讓她能時時保持創新，具有關鍵性的影響。

她說：「這個世界極需創意，而許多的創意就存在我們體內，我們只要閉上眼睛就能找到它們，所以先生小姐們，讓自己關機，好好睡一覺吧！」

哈芬登女士所言極是。我們通常會以努力工作和減少睡眠時間來展現生產力，然而這種拚命三郎的方式，將會造成精神上的疲累，進而缺乏良好的睡眠，影響我們身心靈的整體健康，使我們自絕於創意、能量和直覺之外。

我是個精力充沛的人，經常難以入睡。如果你也有失眠或淺眠的困擾，那麼練習以下的昆達里尼呼吸法，也就是所謂的

「U形呼吸[17]」，大約只要一分鐘就能讓你產生睡意。每天在睡前練習，你將會想睡就能睡，睡到自然醒。

步驟一：在床上坐直。

步驟二：做U形呼吸：把嘴嘟起來，好像你的嘴唇輕輕夾了個硬幣一樣，然後從嘴巴吸氣。

步驟三：從鼻子吐氣。

奇蹟訊息

睡眠是精神食糧。

---

17 譯註：之所以稱為U形呼吸，是因為從嘴吸氣、鼻子吐氣，空氣的行氣方向呈U字形。

49

利用敲打法釋放負面情緒

　　這年頭，壓力已經變成傳染病了。你最近是什麼時候說：「我壓力好大啊！」這週？今天？我就整天都聽到這句話。

　　許多人的壓力是源自過去尚未痊癒的負面經驗，每當觸及這些過往的記憶，就會產生壓力。例如，假設你小時候曾被說過太胖了，現在當你用餐看著桌上的食物時，就會產生莫名的壓力和恐懼。又或者你在學生時期參加拼字比賽時，站在台上緊張到頭腦一片空白，完全無法思考，現在一旦需要在公開場合說話時，就會好像天快塌下來般，覺得世界末日快到了。

　　這些情緒是如何產生的呢？當我們碰到一個壓力觸發點時，身體便會分泌出可體松，這是一種「壓力荷爾蒙」。雖然可體松是身體在面對壓力時非常重要的反應機制，但它也決定我們是會一直保持在緊張焦慮的狀態，或是能恢復放鬆。如果可體松一直維持在高濃度狀態，就會造成慢性壓力，導致血糖升高、注意力不集中、血壓飆升、甲狀腺機能障礙，還有許許

多多的毛病。

好消息是，只要用對方法，我們就可以解除生活上的壓力。而我的壓力管理法，就是定期練習EFT情緒釋放技巧。這種針對精神層面的敲擊療法，能促進心理健康。

每個穴點都與身體的某個器官或部位相對應，當你刺激這些穴點時，就是在對身體送出鎮定反應，杏仁核（我在第47個練習中曾提及，這是在腦中掌管戰或逃的部位）收到安全的訊號時，就會放鬆下來，迅速減輕壓力。

就我自身的經驗發現，敲打法的確具有立即消除各種精神壓力與負面情緒的神效。在本書中，我也會分享許多針對不同症狀的敲打法。如果你想要進一步瞭解EFT，可以參考我朋友尼克・歐爾納（Nick Ortner）所寫的《釋放更自在的自己》，這是一本很棒的書。

現在，參考下頁圖示，讓我們開始學習敲打法吧！

進行敲打時，要從「最大壓力源」（Most Pressing Issue，簡稱MPI）開始，它可能是你最煩惱的問題，也可能是你現在面臨的最大挑戰，譬如：工作的挫折、經濟壓力，或是與另一半的爭吵等等。

在練習之前，先將自己的壓力從1到10做出評分，10分是壓力最高的分數。

敲打的穴點

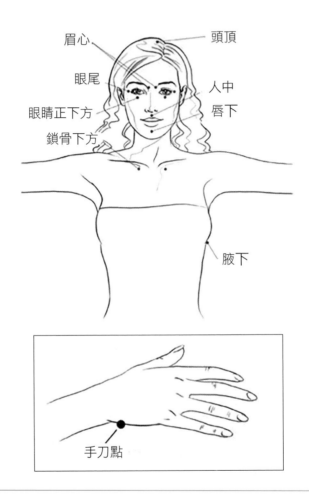

眉心　　　　　　　　頭頂

眼尾　　　　　　　　人中

眼睛正下方　　　　　唇下

鎖骨下方

腋下

手刀點

然後，先從手刀點[18]開始，輕輕敲打七次（以左手指尖敲打右手的手刀點，反之亦然），並同時重複說出下面的句子三次：「儘管我壓力大到快要崩潰了，但我還是深深地、完全地接受自己。」（畫線處的字句請自行填入你覺得目前最讓你倍感壓力的事，在此先以「我壓力大到快要崩潰了」替代）

接著，再依序敲打以下的八個穴點七次，並針對你的壓力源大聲唸出下面的句子：

眉心：這些壓力快把我壓垮了。
眼尾：我感到不知所措，非常害怕。
眼睛正下方：我覺得我無法完成所有的事。
人中：如果我真的一事無成，我壓力會更大。
唇下：所有的壓力讓我快崩潰了。
鎖骨下方：我怕事情做不完。
腋下：這種恐懼讓我壓力更大了。
頭頂：我就是無法保持冷靜。

因為身體左右兩側都有經絡經過，所以，接著要敲打穴點

---

18 譯註：Karate-Chop，手掌外側小拇指到手腕之間，也就是中醫所說的後溪穴。

的另一側，並同時說出下面的句子：

眉心：我無法想像怎樣才能完成所有的事情。

眼尾：這些全都是壓力。

眼睛正下方：我覺得壓力越來越大。

人中：當我有壓力時，會很難呼吸。

唇下：我無法想像沒有壓力的生活是什麼樣子。

鎖骨下方：我害怕事情會失控。

腋下：我必須讓事情都在掌控中。

頭頂：我對自己的壓力感到害怕。

接下來，繼續以這種「負面回合」（所有陳述都是關於壓力造成的負面影響）的方式敲打穴點，直到你覺得情緒和緩為止。當這種輕鬆的感覺產生後，開始展開「正面回合」的敲打法，在敲打穴點的同時大聲唸出下面的句子：

眉心：我知道這種壓力對我沒有好處。

眼尾：我相信我的生活可以完全沒有壓力。

眼睛正下方：我將會逐步邁向成功。

人中：當我冷靜下來，就會有更多能量來完成每件事。

唇下：我即將擺脫這種壓力。

鎖骨下方：我準備釋放這種不知所措的感覺。

腋下：我現在可以放鬆了。

頭頂：我現在冷靜下來了。

重複進行數次正面回合的敲打，直到你覺得真正放鬆為止。

當你做完整個敲打的程序後，再大聲說一次：「儘管我壓力大到快要崩潰了，但我還是深深地、完全地接受自己。」然後，再從1到10為壓力評分，並跟進行敲打前的評分相比較，看是否有改進。

如果你能堅持完成每一回合的敲打法，一定會體驗到如釋重負的放鬆感。有些人更可能在敲打一分鐘後，壓力指數就從10下降至2，足見這是個可以快速消除壓力的技巧。如果你還是沒感受到輕鬆，別擔心，因為敲打法需要時間適應，只要持續練習，你的身體一定會有所回應的。

奇蹟訊息

只要去感受，過去的痛苦就能得到釋放。

一起來做淋巴健康運動吧！

　　我曾在我的書《讓生命擁有更多內在指引》（《*Add More ~ing to Your Life*》）中提到，我很享受在小型彈翻床上跳來跳去這件事，這個有如遊戲般的運動，讓我感覺彷彿回到無憂無慮的童年時光。

　　每當我坐在書桌前腸枯思竭寫不出東西來，或快被數百封電子郵件淹沒時，我就會到彈翻床上跳一跳，不到一分鐘，我身體的壓力就逐漸減輕了。只要玩個十分鐘，我就能重獲活力和平靜。

　　身體需要經常活動。根據研究顯示，跳躍（最好是在彈翻床上跳躍）是對身體最有益的運動之一。從健康層面來說，藉由身體跳躍時的重力，能加速淋巴流動，對身體的淋巴系統很有助益。

　　淋巴系統是全身最大的排毒系統，由淋巴管、淋巴器官和淋巴液組成，除了負責把身體的養分輸送到細胞之外，也會清

除在身體組織、細胞中的各種毒素和老化物質。

如果淋巴液回流功能不佳或流動受阻，就會導致代謝廢物滯留，使養分無法送達，進而導致老化、關節炎、各種退化性病變，甚至是癌症。要促進淋巴系統的正常運作，運動就是最好的方式。

淋巴液呈單一流動的方向，主要是由雙腿，再往上到雙手，最後到達上半身，這也是為什麼在彈翻床垂直上下跳躍能對淋巴系統產生莫大助益的原因。

假如你習慣在運動時穿緊身衣，在彈翻床上跳躍時，你不需要穿得這麼緊繃，事實上，最好乾脆連胸罩都一併脫掉，讓胸部也能無拘無束，促進淋巴液的流動。

如果你不想買彈翻床，又或者家裡沒多餘的空間可以擺放，跳繩或跳舞也是簡單有效的運動法。五韻律動舞蹈[19]的創立者嘉布麗・羅斯（Gabrielle Roth）曾說：「舞蹈是通往真理最快速、也是最直接的途徑。」當我需要擺脫煩心事時，就會放首節奏強而有力的歌曲，然後隨著音樂起舞。

做任何你覺得可以讓身體放鬆的運動，不論是彈跳、跳躍

---

19 譯註：5Rhythms，以人體律動方式作為自我開發與探索內在的方法，透過流動（Flowing）、不連貫（Staccato）、混沌（Chaos）、抒情（Lyrical）、靜止（Stillness）五種節奏，重新體認自我的存在及宣洩各種內在的情緒。

或跳舞都無妨。利用簡單的垂直上下運動，就能幫助你釋放身體或內心的壓力。

做這類的運動，你根本不需計算每天要達到多少運動量，或者穿什麼類型的衣服，只要讓自己動起來就可以了。

奇蹟訊息

當我讓身體動起來時，就清除了所有防止我獲得健康和活力的障礙。

51

每天都從「踏出正確的第一步」開始

　　每天早上進行例行活動的方式，決定了我們一整天的心情。

　　如果你是鬧鐘一響就會馬上起床絕不賴床，會邊刷牙邊檢查電子郵件，在煮咖啡時還不忘收看電視新聞的人，一早就讓交感神經過度興奮，隨時處於備戰狀態，相信在忙碌一整天，回家後你一定是癱軟在沙發上，覺得身心俱疲吧！

　　想要展開元氣滿滿的一天，不需要利用這種讓腎上腺素激增的方式，你可以先從「踏出正確的第一步」開始。我真的是指「腳步」喔！

　　有一種來自昆達里尼的古老方法，建議我們起床後先踏出負責主宰一天生活的那隻腳。但如何知道是哪隻腳負責主宰呢？很簡單，只要分別用不同的鼻孔呼吸，看看哪邊的鼻孔比較通暢，就知道要先踏出哪一隻腳。如果你右邊的鼻孔呼氣比較通暢，那麼下床時就先踏出右腳。這個論調聽起來好像有點

玄，但姑且信之，試試看吧！

而且在起床後，千萬不要急著滑手機或看訊息，而是先讓自己具有正面積極的心態。如果你有個堅定的信念，比如你深愛你的家人，那麼就在出門上班前對他們說出來；或者你也可以將自我鼓勵的想法寫在紙上，把它貼在鏡子上或任何你常看得到的地方，藉此隨時提醒自己。

你還可以到我的網站下載「精神垃圾警鐘APP」（Spirit-Junkie-App），它以柔美的鈴聲和跳出手機螢幕的正能量字眼，取代刺耳的鬧鐘聲音，讓人一早醒來就神采奕奕，充滿活力。

神經系統會影響我們的思想與行為，因此，要確保你一早起來的想法是充滿愛與力量的，這將為你美好的一天奠定基礎。

最後，在出門前，為今天設定一個積極的目標，例如：善待自己和他人、對同事更寬容等。讓你的一天從積極的想法或自我肯定開始，你會感到精力充沛，並且一切順利。

善用以上的技巧，並期待奇蹟發生吧！

奇蹟訊息

每天早上都懷抱愛和感恩的心開始新的一天。

52

用犁鋤式瑜伽翻轉緊張

　　某日下午，當我和我的朋友珍妮在我的辦公室（那裡同時也兼作瑜伽禪學室）聊天時，她突然就倒立起來。雖然朋友們都知道珍妮是個熱愛做瑜伽的人，但她這個舉動還是讓我嚇了一大跳。

　　珍妮在倒立時解釋，因為倒立能改善她的情緒。每當她感覺到不順遂或情緒低落時，就會進行倒立，幫助她的能量流動，同時也可以讓她進入更高層次的意識狀態。

　　我想，與其在一旁觀看，不如一起加入她的行列，於是我也靠牆做了倒立的姿勢。不到一分鐘，我立刻感覺到能量的衝力，能量似乎真的翻轉，我也覺得自己更充滿活力了。

　　現在，我每天都會做這種「肩立式」的瑜伽動作，此外，我還多加了犁鋤式瑜伽。這兩種動作都能提升能量。我發現對初學者來說，犁鋤式姿勢要比肩立式簡單些，你可以在床上、戶外草地，或者任何柔軟的地面、墊子上做這個動作。（注

意：如果你有背部、頸部或任何關節、骨骼方面的問題，請不要做這個練習）

正確的犁鋤式瑜伽姿勢如下。

步驟一：仰臥，將雙腳抬至與脊椎呈垂直的位置，並用雙臂支撐臀部，以肩膀和手肘撐住身體。

注意：身體的重量是放在肩膀上，而非頸部。

步驟二：彎曲膝蓋，腳放在地板上，呼氣時讓腳離地，雙腿上抬，朝肩膀方向往下壓。

步驟三：接著吐氣，讓雙腳持續下壓，直到超過頭部，腳尖觸地。維持上半身與地面呈垂直的狀態，讓雙腿充分伸展。大腿和尾骨朝向天花板，並讓下巴遠離胸骨，以放鬆喉嚨。

你可以用手撐住背部往上推，幫助自己做到這個姿勢。如果對你來說並不難，將兩手平放在地上做這個動作亦可。

步驟四：回復躺姿時，先把撐住後背的手放下，再把雙腳回復至肩膀上方，然後吐氣，慢慢把腳放回地上。

倒立時，大量的血液會流向頭部，讓更多氧氣流經腦部，含氧量高的血液可以提振精神，緩解焦慮。此外，還能強化記憶力和智力，真是好處多多。

哪怕一天只做一分鐘也好，今天就開始進行你的倒立練習吧！

奇蹟訊息

一天一倒立，壓力就遠離。

53

敲打是最好的情緒排毒法

　　現在我們再說回「敲打」這件事，這次要談的是如何利用敲打法消除疼痛。

　　每個人或多或少都有些身體疼痛，不論是因為長時間盯著電腦，導致肩頸僵硬疼痛、女性每個月的經痛，或久傷未癒的慢性疼痛，對於這些疼痛，指壓都能有效舒緩症狀。

　　以上是因生活習慣不佳，又或是有跡可循的病因。但有時候，身體的疼痛其實是源自於情緒問題。尤其如果你有莫名難癒的慢性病，跑遍醫院都無法找出病因，你不妨自我檢查，看看是否長期活在連自己也未察覺的負面情緒中。

　　負面情緒會刺激腎上腺素、可體松這類壓力荷爾蒙的分泌，讓身體透過持續的痠痛和麻痺等問題，試圖引起我們注意負面的情緒能量，例如被壓抑的記憶、不擅長表達的情緒、來自工作或家庭的壓力等。身體不會說謊，如果不理會身體透露的訊息，它們將會藉由慢性疾病或疼痛的方式表現出來。

利用敲打法，同樣也可以斷開情緒和疼痛之間的連結，進而消除身體的不適。

讓我們先從確認「最大壓力源」開始。你的MPI可以這樣判斷，像「我背痛到實在受不了了。」或者「我的頭痛讓我無法專心做事。」藉此檢視今天最困擾你的痛點何在。

在確認自己的MPI之後，先幫你的MPI打分數（從1到10，10分是最嚴重的）。然後，就可以進行敲打了。在敲打不同的點時，也要參考以下的詞句，將之大聲唸出來。

如同第49個心靈練習所示，一樣是先從手刀點開始（請參考第168頁圖），接下來的每個穴點大約敲打七次。在進行的同時，誦念下面的句子三次（或是誦念屬於你自己的MPI詞句）。

手刀點：雖然我深受疼痛之苦，但我仍完全深愛並接受自己。

手刀點：雖然我深受疼痛之苦，但我仍完全深愛並接受自己。

手刀點：雖然我深受疼痛之苦，但我仍完全深愛並接受自己。

接著從眉心開始，沿著臉部五官一直到手臂，再至腋下，

最後回到頭頂。做完之後,再返回眉心重複做一次,每次敲打時也誦念下面的詞句。

眉心:所有的這些疼痛,

眼尾:我再也受不了了!

眼下:我身體的所有疼痛,

鼻下:讓我非常不舒服。

下巴:我不喜歡這樣。

鎖骨:我的人生停滯不前,

腋下:我無法忍受這些疼痛,

頭頂:這些疼痛打亂我的生活。

眉心:疼痛讓我無法靜下心來。

眼尾:疼痛讓我無法好好生活。

眼下:也許這些疼痛是要帶給我啟發。

鼻下:我願意對這些訊息保持開放的心態。

下巴:我願意從這些疼痛中學習。

鎖骨:也許是某些我需要處理的事。

腋下:也許是某些我還沒表達出來的感覺。

頭頂:是某種我不想察覺的疼痛。

眉心:或許這種痛是要讓我不會注意到其他更大的疼痛。

眼尾:如果我去感受這種疼痛,並且放手會如何呢?

眼下：我正在感受困住我的情緒問題。

鼻下：如果我現在能夠放鬆又會怎樣呢？

下巴：這些疼痛也許是因為壓力和緊張產生的。

鎖骨：如果我現在已準備好放鬆又會怎樣呢？

腋下：我允許我的身體和心靈放掉這些疼痛。

頭頂：讓疼痛就此遠離吧！

眉心：我允許自己放輕鬆。

眼尾：解除和疼痛有關的連結。

眼下：現在我已經做好準備要遠離疼痛了。

鼻下：我想要自由和快樂。

下巴：我選擇讓自己過得更好。

頭頂：所有的事都會變好的。

全部做完後，進行深呼吸。

現在再審視一次你的MPI，看看現在你會打幾分（從1到10）。這時你的分數應該會下降了，或許疼痛已完全消失，又或者還剩下一些些。如果你的分數還是接近10，那麼記得要常進行敲打。

接受當你在敲打時產生的任何想法，疼痛很可能代表深植於你內心需要被發現、被治癒的痛苦情緒。

以開放的心接受各種指引，並在過程中信任敲打的治癒力。

奇蹟訊息

疼痛能幫助你聽到內心的聲音，帶你正視隱藏的負面情緒，以及對於愛的渴求。

54

「一個鼻孔出氣」能緩解負面情緒

你是那種得先經歷崩潰，然後才能突破自我的人嗎？多年來，我就是這樣。

在我修練昆達里尼瑜伽，並藉此和自身能量產生強烈的連結之前，我曾經歷過多次史詩級的崩潰。雖然我知道許多控制自己思考與想法的實用技巧，但卻缺乏突破困境和避免驚慌失措的指導原則。

當遇到讓你情緒潰堤的狀況時，最好的方法之一就是藉由呼吸轉換能量場。我們兩邊的鼻孔是會交換呼吸的，每呼吸九十到一百二十下，就會交替更換一次[20]。當你感到煩躁、生氣或情緒低落時，可以利用以下的練習，頻繁變換主要的呼吸鼻

---

20 譯註：十九世紀末，一些瑜伽修行者發現當我們呼吸時，空氣並不是平均進
　　入兩個鼻孔內，而是會有個鼻孔為主要的呼吸主導，每個鼻孔大約一小時會
　　交換一次。

孔，來安撫情緒，保持鎮定，減輕壓力。練習次數不限，你可以隨心所欲，做到你覺得足夠為止。

　　姿勢：以輕鬆舒適的姿勢坐著，上半身保持挺直。

　　雙手：兩手交握，右手大拇指在上，將雙手輕放在橫膈膜中間（見上圖）。

　　眼睛：閉上雙眼。

呼吸：把注意力集中在呼吸上。留意鼻孔氣息的進出，找出哪個鼻孔是主要的呼吸鼻孔（這可能需要花點時間），然後將注意力放在鼻孔氣息的轉換上。

　　肩膀：自然下垂保持放鬆，雙手可以稍稍施力，但肩膀一定要放鬆。

　　當你把呼吸從一邊的鼻孔換到另一邊時，可以幫助調節自律神經。此外，只用左鼻孔呼吸時，氣息會連通負責「感知」的右腦；只用右鼻孔呼吸時，氣息會連通負責「思考」的左腦。像這樣切換左、右腦的運作模式，能幫助你從不同的角度看待事情。

　　如果真的難以察覺哪邊是主要的呼吸鼻孔，可以利用手指按壓的方式輔助。以右手大拇指壓住右鼻孔，用左鼻孔慢慢吸氣與呼氣；持續幾秒鐘後，放開壓住的右鼻孔，用左手無名指壓住左鼻孔之後，以右鼻孔吸氣與呼氣。覺得哪個鼻孔呼吸比較通順，那邊就是主要的呼吸鼻孔。

奇蹟訊息

　　當你覺得疲累時，利用鼻孔交替呼吸法，幫你度過難關，找出解決之道。

55

體驗清醒狀態中的睡眠經驗

在第48個心靈練習中，我們曾介紹可以幫助睡眠的U形呼吸法，想必這個練習對於有失眠或淺眠困擾的你，一定有很大的幫助。

無法一夜好眠的問題不但讓人焦慮、壓力大，對健康也有嚴重的影響，像是讓壓力荷爾蒙上升，血壓升高而導致心血管疾病，以及造成肥胖和憂鬱。

赫伯‧班森（Herbert Benson）醫師在他的著作《哈佛權威教你放鬆自療》一書中就提到，睡眠是修復身體的時間，如果我們不讓身體獲得充分的休息，免疫力就會下降，使疾病有機可乘，抑或導致舊疾復發、惡化。就心靈層面來說，也會造成能量場的阻滯，進而影響你在生活中各方面的表現。

為了幫你調整能量，並恢復活力和身體健康，我在這裡要介紹昆達里尼改善睡眠的有效方法，叫做「放鬆瑜伽」（Yoga Nidra，Nidra在梵文是睡眠的意思），又稱「舒眠瑜伽」，這是

一種深度放鬆的技巧，能平衡神經系統中的交感和副交感神經，放鬆緊繃的身體，緩和腦波活動，同時平衡左右腦的協調。

放鬆瑜伽能讓人處於有意識的深層睡眠狀態，即意識清醒並未完全睡著，但在身體與心理都能感受到放鬆和平靜。

當你練習時，一旦發現自己思緒飄移、注意力不集中，或產生雜念，只要慢慢把注意力拉回來即可。

你可以從我的網站下載放鬆瑜伽的引導錄音，聽從錄音指示跟著照做；或是把下面的步驟說明錄下來，在練習時播放；也可以請朋友在一旁說明引導你。

步驟一：輕鬆地躺著，雙手自然放在身體兩側，手掌朝上（或者任何你覺得舒適的放法），如果覺得冷可以蓋件毯子。

步驟二：閉上眼睛。

步驟三：深呼吸兩到三次，在呼氣時要特別用力。

步驟四：將注意力放在四肢上。先從右手、右腳開始，再到左手、左腳。

步驟五：把注意力放在手指上，也是由右至左，每根手指都要逐一留意。

之後再專注於手心、手背、手掌，再來是前臂、手肘、上臂，肩膀的關節、肩膀、脖子。

然後是臉上的每個部位（包括額頭、眼睛、鼻子、下巴等），接著依序關注以下的每個部位：耳朵、頭頂、喉嚨、胸部、肋骨、肩胛骨、腰部，胃部、腹部、生殖器、臀部、整個脊椎、大腿、膝蓋的正面和背面脛骨、小腿肚、腳踝、腳背、腳跟、腳底和每根腳趾。逐步讓全身進入深層放鬆的狀態。

注意，要關照到身體的每個部位，缺一不可。

重複上述的步驟練習一次或多次，直到你覺得全身的肌肉都不再緊繃，身體能自然放鬆，只感覺得到自己沉穩平靜的呼吸，並且一定都要以「關照到身體的每個部位」作為結束步驟。

接下來，再進行下面的練習。

步驟六：察覺身體和環繞在你周圍的空間。
步驟七：感受那份寧靜與平和。
步驟八：做好重返意識層面的心理準備。
步驟九：輕輕動一動手指，做幾次深呼吸後，張開眼睛，結束放鬆瑜伽。

練習放鬆瑜伽的感覺，就好像你進行了長時間的小睡，但過程中仍是清醒的。你獲得休息，但既沒有睡著，也沒有作

夢，你的心是處於潛意識活躍但意識層停滯的狀態，而且頭腦非常平靜，身心都非常舒服。也就是說，身體進入放鬆熟睡的狀態，心靈則專注於身體各部位與呼吸節奏上，於是你會介於睡眠與清醒之間。

　　我自己就經常運用放鬆瑜伽來改善睡眠品質，尤其是當我忙於新書巡迴活動時，對於緩解緊繃和幫助休息十分有用。

奇蹟訊息

放鬆瑜伽是「帶有意識的休息法」，有助於身體放鬆和修復。

56

出去散散步吧！

　　快節奏的生活步調讓人終日忙碌（尤其在像紐約這種大都會更是無法避免）。想想看，你有多久不曾和家人坐下來好好聊個天，分享彼此的工作、生活心得；或者什麼都不做，就只是花個十五分鐘安靜地喝杯咖啡？

　　人們似乎都得了「匆忙病」，更有些罹患「忙碌上癮症」的人，會害怕孤單，無法忍受無聊，也不知該如何獨處，放空的狀態會令他們覺得浪費生命、不負責任、遊手好閒等，而產生罪惡感，所以他們只好像無頭蒼蠅一樣忙個不停。

　　其實，要把事情做好，最簡單的方法就是放慢腳步。我不是指你應該與外界隔絕，整天冥想。我要建議各位的是，要懂得在忙碌中喊停，讓大腦放空，專注地處於無意識狀態，徹底享受片刻的無所事事，並在心裡清出一個空間，與自己相處。

　　很神奇地，這種「什麼都不做」、「無所事事」的暫停練習，可以讓忙碌的思緒停歇。有研究顯示，當腦袋呈現放空或

發呆狀態時,能讓心理保持「淨空」狀態,記憶力和創造力也會增強。如果對於某個難題一籌莫展時,通常休息一會兒,絕佳的解決方案或創意就會突然靈光乍現。

所以,停下手邊忙碌的事物,給自己一些不受打擾的時間與空間,能引導你把能量重新放在有用的事物上,提升你的內在力量,也可以讓你完成更多的事,而不再只是瞎忙、窮忙。

我的朋友麥可・艾森[21]教我一個可以有效增加能量和效率的方法,就是定時讓大腦休息,專注當下,排除雜念,讓頭腦放空。他說,暫時離開電腦,去外面散個步,(可千萬別帶手機!)而且最好是走平常不常走的路線,這樣能讓阻滯的心靈與疲憊的視力,都得到不同於以往的刺激。在這個短暫的休息中,沒有目的地,也沒有要完成的目標,就只要單純享受走路這件事。之後,你將能獲得更多能量,面對下一回合的挑戰。

奇蹟訊息

當你覺得壓力大到難以負荷時,就讓頭腦放空,好好休息一下吧!

---

21 譯註:Michael Eisen,青年身心健康協會(The Youth Wellness Network,簡稱YWN)的創辦人,該協會致力於鼓勵年輕人過積極而正向的生活。

57

讓身體幫你做決定

　　當面臨左右為難的困境時，我們應該相信大腦的判斷，還是傾聽內心的聲音？

　　直覺常與理智發生衝突，兩者的意見徹底相左。直覺充滿變數，也無法預測；而理智又會過度分析，執著於細節，讓人無法聽清楚內在的聲音。

　　當我們優柔寡斷、猶豫不決時，會試圖強迫自己找出答案，但是這種經由穿鑿附會、強加解釋而得出的答案往往是錯的，於是我們不斷做出一次又一次令自己悔恨的決定。

　　有一項研究顯示，如果強迫人們要在兩個選項間做出一種選擇，在只能依賴本能的狀況下，有百分之九十的機率會選出正確答案。這樣看來，如果要做出適當無誤的選擇，就必須靠直覺的力量。

　　但很多人會覺得，如果只靠直覺或情緒做決定，是件很不可靠的事，因為我們通常不知道直覺或情緒是從何而來，又如

何產生，以至於不太信任情緒腦所做出連你也無法解釋的那些決定。

這裡要教你一個簡單的方法，可以擺脫這樣的兩難，那就是：相信身體所告訴你的決定。

身體不會說謊，但大腦可就不是那麼簡單了，它會跟你玩花樣，不像身體那麼誠實。從這個原則延伸發想：當我們陷入無法做出適切決定的抉擇困境時，何不問問我們的身體？藉由測試肌肉的反應，找出潛意識對此問題的答案，這個方法稱為「肌肉抗力學測試」。

現在，你就可以試試下面這個簡單的「O環測試法」。

步驟一：首先，準備你的問題，這個問題可大可小，小至「我應該吃披薩嗎？」，或大至「我應該辭職嗎？」都可以。

步驟二：接下來，在頭腦裡想一遍這個問題並做好決定。例如：「沒錯，我是想吃一片披薩。」「不，我還沒做好離職的準備。」

步驟三：把左手大拇指和小指相抵略呈O形（如第197頁圖）。

步驟四：以右手的大拇指和食指，圈住左手所形成的O形（如第197頁圖）。

步驟五：用右手大拇指和食指用力拉開左手。如果左手的

O形很容易就被分開，就代表你現在做的這個決定，身體並不贊同。如果左手指仍維持緊扣而無法被拉開，那麼答案就是肯定的。這是身體直覺最直截了當的答案。

這個練習既簡單，又能有效和身體溝通。念頭會影響身心，或許「自我」會抗拒直覺告訴我們答案，但身體絕不會欺騙我們。盡量信任身體所傳達的訊息吧！

奇蹟訊息

讓不會說謊的身體，告訴你內心真實的聲音吧！

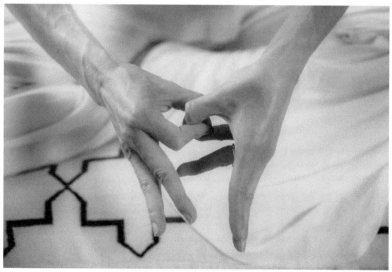

58

狗式呼吸可以提升免疫力

　　怎麼樣，這個標題夠吸引你的注意力吧！你可能還忍不住笑了出來，腦中浮現一隻拉布拉多正吐著舌頭、用力喘氣的影像。

　　不過我保證這可不是在開玩笑。我現在要介紹昆達里尼所教導，像狗一樣呼吸就能增加免疫力的方法。

　　每個人都應該把身體照顧好。健康的身體是一切的根本，沒有健康就無法擁有良好的生活品質，也無法擁有精力為事業打拚，更遑論為自己、家人、朋友與周遭的人帶來快樂了。

　　你可以在身體不太舒服時做這個練習，也可以把它當成生活習慣，每天都做一遍。

　　步驟一：輕鬆地坐著，上半身挺直。
　　步驟二：把舌頭伸出來，用嘴巴快速呼吸，整個過程中舌頭都保持吐在嘴巴外。這個呼吸法叫做狗式呼吸，做此呼吸3

到5分鐘。

　　步驟三：結束時，把舌頭抵住上顎，吸氣後閉氣15秒。
至少重複做2次。

　　如果練習時你覺得腳趾、大腿和下背部有刺痛感，那就表
示你做對了，因為這代表身體的新舊能量正在以一種交換的形
式進行更新。

　　許多人容易在季節變換的時候罹患感冒，利用這種狗式呼
吸，可以增強身體的免疫力。現在就試試吧！

奇蹟訊息

　　健康是令人感到快樂和滿足的關鍵。

59

睡眠不足的快速能量補充法

我深信睡眠是精神之糧。如果你把生活搞得一團忙碌，當然作息會不正常，也無法擁有足夠的睡眠。

我在上一本書《通往幸福的奇蹟課程》舉辦巡迴全國的簽書會活動時行程滿檔，每天的睡眠時間大概只有常人的一半，因此我必須找到調整自身能量的方法，讓我可以保持警醒、創意十足、活力充沛。那時，我都採用昆達里尼瑜伽體位法（asana，一種瑜伽姿勢），補足睡眠的不足。

Yogi Bhajan大師曾說，只要做十五分鐘的肩倒立，就相當於2小時的睡眠，因為這個姿勢能讓人達到深度的放鬆。雖然肩倒立無法取代真正的睡眠，但是當你因為睡眠不足而感到疲累、精神不濟時，這是個很有用的暫時替代法。

在第52個心靈練習時曾教過這個方式的簡易版——犁鋤式瑜伽，現在就介紹肩倒立的做法，如下。

步驟一：平躺，保持脊椎和雙腿呈垂直，用雙手撐住臀部，以手肘和肩膀支撐身體的重量。盡量讓雙腿挺直，並確定重心是放在肩膀而非頸部。

步驟二：如果上述的姿勢對你來說難度太高，可以改試比較簡單的替代法。拿個靠墊或是兩件薄毛毯墊在腰部，然後抬起雙腳，靠牆伸直。

這兩種姿勢進行的時間不限，你可視自身情況量力而為。在練習的同時，用鼻子深呼吸。你可以先從一分鐘開始，如果身體狀況許可，再逐漸增加到十五分鐘。

如果你有睡眠困擾的問題，則可以用下面介紹的另一種昆達里尼瑜伽方式幫助入睡。這個動作持續做三分鐘後，你將會很快就進入夢鄉。

步驟一：躺在床上，腳跟貼著床鋪。
步驟二：用鼻子深呼吸。吸氣時腳趾朝頭部方向伸展，心中默唸「Sat」。吐氣時，動動腳趾頭，心中默唸「Nam」。[22]

奇蹟訊息

進行15分鐘的肩倒立，就相當於2小時的睡眠。

---

22 譯註：關於Sat Nam之意，可參考第18個心靈練習的說明。

第 5 章

行動

「只要不放棄嘗試，你就不是失敗者。」

——愛因斯坦

60

自助而後人助

　　我常聽到人們自怨自艾地埋怨自己時運不濟，也無人對他們伸出援手，他們因此對周遭的人心懷不滿。然而，這樣做其實就已讓自己陷入了受害者模式。

　　我不會安慰這些人，而是請他們捫心自問：「你有先幫助自己嗎？」通常他們都會淚眼汪汪地回答：「沒，我沒有。」

　　你看，這說明我們感知周遭世界的方式，完全反映出我們的內心世界。如果我們的想法和能量並非傾向於關心自己，也不廣結善緣，那麼在生活中自然不會獲得別人的協助。因此，我們必須隨時擔負起有意識地自助的責任。

　　如果你總是抱怨沒有人把你當回事，那麼，就先把自己當回事吧！當你覺得孤獨無助時，記得自問：「我應該做些什麼，才能更幫助自己？」並且馬上就起身力行，採取行動。

　　一些簡單而正確的自助舉動，就能大大改變你的態度和體驗，像是對自己說些鼓勵的話語，刻意想些能讓自己充滿力量

的念頭，又或是適時尋求他人的協助。

我們最常犯的錯誤，就是覺得別人應該要懂得我們心裡所想的，也該了解我們何時需要幫助。但事實上，每個人都有自己的難處和挑戰需要面對，他們可能無暇顧及我們的需求。向他人求助是積極的自我支持行為，我們不自助的方式之一，就是不願對外主動求援。

雖然開口請人幫忙需要勇氣，但回報卻是可觀的，不只是因為你藉由話語表達自己的想法，能因此獲得關懷與協助；另外你也將深化與助人者之間的關係，拉近彼此的距離。

開口請求幫忙只是一個小小的舉動，但你的生活卻可以立即獲得巨大的改善（你也可參考第6個心靈練習）。

請相信，這樣小小的改變就可以讓自己從無助的受害者，轉變成可以照顧自己、改變自己人生的強者。

奇蹟訊息

如果希望別人幫你，就得先自助。

61

與其能言善道，不如洗耳恭聽

你是否有過這樣的經驗：在與人結束談話後，就會產生「為什麼我要這麼說」的懊悔，或是覺得自己總是無法克制地說了太多話？是否你根本就是個只關心自己的人，因此從頭到尾談話的焦點都在自己身上，所以無法傾聽他人說話？

溝通包含了「說」與「聽」，但我們都太常用力說話，卻很少用心聆聽。日內瓦著名的心理治療家保羅・杜尼耶（Paul Tournier）就曾說：「人的對話大部分屬於『聾子們的對話』。因為人們什麼也不想聽，只發洩自己想說的話。」某種程度來說，我們跟聽障朋友其實也沒什麼不同，因為我們「聽」未必「聽懂」，「聽懂」也未必能「說出」，「說出」更未必是「溝通」。

每當你發現自己急於表達意見，自顧自地講不停時，就要馬上有自覺地對自己說：「先等一下（W.A.I.T）」，即使你話正說到一半也沒關係。

這是「為什麼我要說這些話？」（Why Am I Talking）的縮寫，這句話如同警語，可以及時帶你離開自我中心的行為，讓別人有機會表達他的需求，也讓對方感覺被尊重。

　　在與人交談時盡量多練習這個技巧，很快你就可以成為一個很好的傾聽者。

奇蹟訊息

> 每當你話太多時，記得在心裡自我提醒：「為什麼我要說這麼多？」（Why Am I Talking），然後告訴自己：「先等一下」（W.A.I.T）。

62

別只是按「讚」！請把讚美說出口

得到讚美的感覺很棒，給予讚美同樣也具有影響力。

當你付出愛和善意時，它們瞬間就能改變你的能量，並支持你的神經系統。許多科學實驗都證明，慈悲和人體的迷走神經有強大的關連性。

「迷走」這個字在拉丁文中是「徘徊」的意思。迷走神經是一條遍及全身的長神經，可以誘發人類的同情、憐憫和慈悲。根據一項藏傳佛教針對愛與慈悲的冥想所做的研究顯示，慈悲可以降低體內發炎的現象，也能讓心跳維持規律。

慈悲除了有益健康，對心靈健康也有所幫助。當我們付出愛和關懷的同時，也能重回自己的本性。《奇蹟課程》裡曾說：「善良創造了我。」這句話提醒我們，善待天下所有人原是我們的本性。然而當恐懼佔據生活時，我們往往會忽略自身的良善。因此，如果我們越常施善行，就會感覺越快樂，因為這表示我們是順著本性而行。

讚美他人就是分享愛與關心，以及發揮慈悲心的簡單方法。當你在讚美別人時，不僅能讓對方從你的鼓勵話語中得到能量，你的心情也會變好。這就像說笑話一樣，不僅聽者覺得開心，說笑話的人也會跟著快樂。不論是獲得讚美或讚美別人，兩者感覺都一樣棒。

經常讚美與肯定別人，你也會從對方身上得到正面的回應。多花些時間誠心讚美他人吧！不管你是否認識他們。事實上，讚美也是和陌生人迅速建立正面連結的好方法。

當你讚美別人時，不妨留意他人能量的變化，你將發現對方的內心閃耀著光芒，而這道光芒也會照亮你的心。

隨時都讓真心的讚美，產生鼓勵的火花吧！

奇蹟訊息

讚美就像迴力棒，當你稱讚別人，也是在讚美自己。

63

我這樣戒掉酗咖啡的習慣

　　我這輩子曾戒掉不少壞習慣，例如最近我就戒掉了喝咖啡，這可不是件容易的事。

　　或許不喝咖啡對你來說輕而易舉，但戒咖啡這等大事，可是比我在年少輕狂時要戒掉吃藥及喝酒還來得困難。咖啡因可說是我的終極合法「毒品」，因為咖啡對我並不會產生立即的危害，所以我一直允許自己持續地酗咖啡。

　　人之所以長期把自己困在有害習慣裡的一個重要原因，就是「我們放任自己」。例如我們會縱容自己認為：「一天一杯咖啡，又不會要了我的命。」又或者心想：「我只有在週末時才會小酌。」就是這些不以為意的想法，讓我們說服自己這些壞習慣並沒有多大壞處，即使在內心深處，我們都明白事實並非如此。

　　很多時候，我們也利用這些壞習慣來逃避面對一些更困難的狀況。以我來說，每當我覺得生活過得不太順遂，就會求助

於咖啡。但當我誠實面對自己時，我很清楚知道我不過是把咖啡當作另一種毒品，也體認到我必須停止「允許自己酗咖啡」的想法。是該戒掉咖啡的時候了。

戒掉壞習慣剛開始產生的變化會讓人很不舒服，畢竟我們已經受習慣擺布那麼長一段時間了。如果光靠意志力去壓抑欲望，嘗試改掉壞習慣，最後往往會失敗。

為了讓你在戒除惡習的過程中能好過一點，我把自己成功戒掉咖啡的經驗，整理成下面三種方式。如果你對生活中有諸多無法戒除的壞習慣（或替代品）感到痛苦時，就採用這些方式來擺脫它們吧。

活在當下

當嘗試改掉壞習慣時，有種情況常會使人半途而廢，那就是我們已經長期沉溺於壞習慣所帶來的「甜頭」中，實在對自己能否面對戒除癮頭後的局面沒信心。

舉例來說，當我決定要戒掉咖啡時，常會擔心如果咖啡癮一上來，會克制不了自己。一旦這種想法冒出來時，對我最有幫助的方法就是活在當下。我會告訴自己，我不需要擔心明天的事，反正今天我就是不碰咖啡。這樣做對我非常有用。

就像這樣，每次只要開始擔憂未來會發生什麼事時，我就只專注當下，這也讓我成功達成對自己許下的承諾。

改變呼吸的模式

呼吸是能量進出身體的方式，只要我們有意識地改變呼吸的模式，就會改變能量，進而影響我們的思想與感覺。

每當你發覺快要重蹈覆轍，走回舊有壞習慣的老路時，就做一個長長的深呼吸，你將會冷靜下來，重新調整能量，把精力放在新的好習慣上。

讓改變成為愉快的事

誰說改掉壞習慣就一定是種折磨？其實它可以是愉快的經驗。

要真正改變自己，光靠意志力是不夠的。我們必須在戒除壞習慣後，發現改變帶來的愉悅。當心境轉變，行為自然就會改變。

戒掉壞習慣就是養成一個新習慣，在新習慣中，我們可以找到幸福。以我來說，我選擇不再對咖啡念念不忘，而是愛上有機茶。

奇蹟訊息

當我改變對習慣的看法時，就能改變對它們的依賴。

64

開始做就對了！

現在，我要懺悔，其實我並沒有完全做到自己所宣揚的事。

很多時候，我會放棄該做的修練，或是縮短冥想時間；我的小我和很多人一樣，會抗拒個人成長和靈性練習。我很輕易就會陷入怠惰與逃避的陷阱中，這樣也讓我覺得很自責。

我們都會有偷懶的時候。像是我們本來應該去健身中心運動，卻反而跑去買甜甜圈；又或者好幾個月都沒去找心理醫師諮商，對於這些無法自我約束的行為，我們都可以歸咎是因為某些妨礙所致，而最好的藉口就是「沒時間」。

常有人對我說：「我沒時間冥想」或「我沒時間祈禱」，我的回應都是：「那你有時間感覺自己的生活一團糟嗎？」事實是，如果你能抽出時間進行自我成長的練習，你反而會有更充裕的時間，因為你將不會再把時間浪費在沉溺於糟糕的感覺中。

我從我的昆達里尼瑜伽老師那裡，學到一個幫助我克服「偶發性怠惰」非常有用的方法。他告訴我，昆達里尼的大師們曾說過，百分之九十的昆達里尼修行者，就只是「出現」在課堂或坐在墊子上。但光是「出席」的這個舉動，就是向宇宙表達出你已做好準備的聲明，表示你願意、也能夠接收指導。

　　所以，如果你懶得去健身房，不要擔心到那裡你要做什麼或會有何感覺，只要穿上球鞋出發吧！如果你已經有段時間沒有練習冥想，那麼現在就坐在墊子上開始進行吧！每當你發現自己正毫無目的地瀏覽IG或臉書上的貼文，或是不停按著選台器看電視消磨時間，又或是在百貨公司裡亂繞瞎逛，不管是哪種無意識的狀況，都趕快對自己喊「停！」把自己從混沌中喚醒，立刻找件更有意義的事去做。

　　只要你感覺缺乏動力和熱情，就要想辦法克服這種情緒。不要坐等改變，先讓自己動起來，跨出第一步投入其中，改變就會隨之而來。

奇蹟訊息

百分之九十的心靈修行者養成新習慣的方法，就是馬上去做。

65

施而後得

你是否渴望擁有既浪漫又能全心關愛你的伴侶，可是在情感的路上卻一再受挫？又或是你想要找到新的工作，但卻不積極主動面試，還四處跟人抱怨自己是懷才不遇？

仔細想想，你一直渴望實現的願望，是否就是你還沒付出的事物？如果你不先付出，當然不會獲得，你得先證明你值得擁有更多。

我們希望別人如何對待自己，就要以同樣的態度待人。一個很簡單的事實就是，當你積極付出，你也會獲得回報。當你把注意力放在付出上，你散發出來的能量就會是愛和愉悅的，這個正面的能量將會吸引更多正向的人事物。

所以，如果你想要擁有愛，那就要對他人多付出關懷；如果你想要擁有財富，那就要樂善好施；想要別人體諒你，那你也要多站在對方的立場著想。如果你想要快樂與幸福，別忘了也要給予其他人快樂與幸福。

《奇蹟課程》教導我們：「奇蹟是向你證明『施與受一樣有福』的教導方式，它不只增強施者的能力，也為受者帶來了力量。」

萬事萬物的能量運作都是循環的，有人付出，就會有人接受。只付出而不接受，或是只拿取而不付出，基本上都會堵塞能量的運作。當你樂於付出，你將會發現你的能量和行動是如何反饋回自身。

奇蹟訊息

學會付出，你會獲得更多。

66

面對他人質疑，就是證明自己的開始

兩年前，我的朋友瑪麗被診斷出罹患第四期轉移性乳癌。自從她得知自己的病情後，她決定同時接受傳統療法和自然療法。但她許多朋友並不贊成兩者併用的做法，這讓她對自己的決定產生疑懼，雖然她很清楚自己的決定是對的，但她無可避免會受到周遭反對聲浪的影響。

我們每個人都會面對各種類型的反對者，不管是你的家人說服你放棄喜愛的工作或志向，或者朋友質疑你的信念，和這些反對者打交道都是件棘手的事。我發現大部分人對這些阻力，都採取抗拒或反擊的態度，但這樣意氣用事的做法並沒有任何幫助。

此刻最重要的，是你必須先相信自己正在做的事是正確的，你的信念會支持你的計畫。而在你努力使想法、夢想、目標成形的過程中，都將一再強化你的信念，來自他人的阻力也會越來越少。

要保護你的能量並堅持信念，持續實踐計畫有幾個重要方法，我在下面簡略舉出你該如何面對反對勢力的三種做法。

一、保持沉默，以保護你的信念。

當你正在醞釀夢想時，不要讓別人打擾你；在願望成真之前，也先別和他人談論。如果有人問你有什麼打算，暫時不要告訴他們細節，別浪費能量在這上面，藉此保護你的信念。

二、不要受他人影響，低調但積極地進行。

遠離那些會阻礙你的人，從醞釀計畫、做些微調整，到開始實踐，都保持只有自己知道的狀態。當有人反對你時，就適時退出和他們接觸或聊天的行列。

三、只要你相信自己，別人也會對你有信心。

只有當你對事成非常有信心時才跟他人分享。

有時，別人的不認同只是反映出你內心的抵抗和恐懼。當你對自己的決定充滿信心，並擁有全力衝刺的力量時，就是可以與人分享的時候了。只要你對自己的信念堅定不移，別人就會對你有信心。

不被別人看好，不代表不會成功。如果能勇於面對別人的

質疑和否定，將這些聲音當做是鞭策自己的動力，就能讓自己變得更強大。

奇蹟訊息

如果你重視自己的夢想，別人也會尊重它。

67

尋找源自內心的真誠力量

　　我在二十五歲時成為心靈導師瑪莉安・威廉森[23]的信徒。她有一本書叫做《女性自覺》，特別打動我的心。讀完這本書後，我察覺到自身有無窮的能力，這是我以前從未發現的。這個令人敬畏的覺醒，是在我讀完下面這段話後產生的：

　　「女王是明智的，她的沉著冷靜不是別人所賦予，而是她通過考驗而獲得的。她曾經歷磨難，也因此變得更加美麗。她證明自己有能力掌管整個王國。她已不僅是王國的統治者，更是王國理想的化身。她處處以國為重，而非只顧及自身私利。她以真正的力量來統治王國。」

---

23 譯註：Marianne Williamson，美國知名的心靈導師，經常受邀出席歐普拉、賴瑞金等人主持的談話節目，傳遞愛與和平的訊息。修習與講授《奇蹟課程》超過二十年，並長期投身公益活動，曾獲《新聞週刊》評選為全美最具影響力的五十人。著有《愛的奇蹟課程》等書。

其實當時我並不太理解「以真正的力量來統治王國」是什麼感覺，但這聽起來還滿酷的。那時候的我希望把自己視為一個強大、具有能力的女性，但在內心深處，我覺得自己只是個想從外在尋求自我價值的弱女子。這段文字讓我了解到通往真正力量的道路是沒有捷徑可循的，我必須通過各種人生的考驗與試煉，並清除阻擋我成為更好的自己的各種障礙。

當我下定決心不再往外尋找，而是往內心探求時，我的人生整個改變了。我開始獲得平靜，學會從內心找到寧靜與下個目標的來源。從此，我需求的渴望降低，不安全感減弱了，也從自我懷疑的心態轉變為自我肯定。

隨著時間的推移，後來的我變成了女王，活在真正的力量中，不但找到生活的目的，也擁有自信。

你也能活在你的力量中。當你覺得生活失序脫軌，不妨使用下面的技巧，重新審視你的價值觀與目標，重新自我定位。

拿出紙筆，寫下當你處在真我狀態，以及處在小我狀態下，你的感覺、行為、談吐、思維，甚至呼吸方式有何不同。用心體會這些差異，描述得越詳細越好，無論多細微的舉動、習慣或用字用語都要仔細察覺。

或許一時片刻你還無法體會到這樣做的成效，但是這個舉動已經在你內心引發轉變的契機。只要努力不懈地進行，就是邀請宇宙的能量幫助你達成任務，並能讓心靈成長。

相信自己真正的力量，並勇敢展現光芒，就能為世界帶來正面積極的影響。

奇蹟訊息

想要成為什麼樣的人，就全心投入吧，別只是在周圍繞著打轉。

68

別停下來，繼續往前走就對了

你可能熟悉音樂劇〈毛髮₂₄〉裡有首歌叫《水瓶時代》（Age of Aquarius）。對於「水瓶時代」這個話題，在一九六九年當瑜伽大師Yogi Bhajan移居美國，並傳授昆達里尼瑜伽技巧後，討論的程度變得更普遍了。

先解釋一下「水瓶時代」這個名詞的由來。在天文學上，地球除了自轉、公轉之外，還有個「歲差運動」，這是指地球自轉軸指向因為重力作用，而導致在空間中產生緩慢且連續的變化。我們可以把地球想像成是一個在轉動的陀螺，除了會自轉和在地上移動之外，其軸心還會自行畫圓圈地轉動。地球的軸心也是一樣，要轉完一圈大約需要二萬至三萬年。

每發生一次歲差運動，便進入一個新的星座時代。我們常

---

24 譯註：Hair，搖滾音樂劇，以高唱「愛與和平」的嬉皮文化為主要內容，具有反戰、反社會傳統的價值觀，在當時頗受爭議。

聽到的「某某座時代」，就是指地球軸心轉到的位置，剛好指著那一個星座，於是便成為該星座的時代。

每個星座時代大約有二千年。在過去的五十年，我們是處於雙魚座時代進入水瓶座時代的交接期。而現在，地球的軸心正指著水瓶座，所以我們正處在水瓶時代中。

水瓶時代是從二〇一一年十一月十一日正式開始。或許你也曾聽說，在二〇一二年十二月二十一日那天是個重要的轉換日，我們將迎來一個全新的文明，所有的一切都將改變。總之，在水瓶世紀裡，我們進入了人類全新的潛能和心靈覺醒紀元。在這個新時代，我們也感受到時間一直在加快腳步，有些人形容這種加速的感覺就好像壓力鍋快要爆開一樣。

為了讓我們安然度過這動盪的時代，Yogi Bhajan大師留給我們關於水瓶時代的五句箴言（可參考第39個心靈練習），其中第三句是：「當時機來到時開始行動，壓力自然就會消失。」這句箴言是我們在此充滿壓力年代中的絕佳指引。

這裡的「時機」，並不一定是指某個特定的時間點，還包括了「時代」的意思。水瓶時代是個資訊量爆炸、改變速度驟增的時代，對人類造成極大的壓力。因為改變更快了，所以「開始行動」就是指要「跟上改變」，包括放棄舊有模式並且不斷往前邁進，如果不這麼做，就會面臨非常大的壓力。

時間就像川流不息的河水，不可能為任何人停下腳步。身

處在時間的洪流裡，如果你靜止不動，河流裡所有的東西，包括生物、水草、石頭等都會撞擊到你，讓你不知所措，所以你要「動」起來。當你的生命卡住了，不知道該怎麼辦才好時，這時候就是勇往直前，挺身而進，不論做什麼事都好。只要你開始動了，之後的事物就會跟著開始動起來。如果我們還持續停留在舊有的思維裡，就會被困住無法前行，感受到極大的不安。

不喜歡改變、想要持續待在舒適圈乃人之常情，因為維持一成不變的穩定安逸，會讓人有安全感。然而當一個人在舒適圈待久了，便容易對外在的變化不知所措。這句箴言的目的就是讓我們認清宇宙已經改變了，而且還會持續改變，因此我們必須接受並順應變化。

現在開始就起而行吧！只要去做就對了。

奇蹟訊息

當時機來到時開始行動，壓力自然就會消失。

69

從容不迫地快樂學習

本書進行到這裡已經超過三分之二，也該評估各位跟著本書內容所做的練習成效如何了。

雖然大家可能學到了不少實用技巧，但也許沒有任何一個你覺得非常上手。不過沒關係，你們並不需要立刻運用所有的這些方法，只要選擇一種技巧每天練習，就能永遠改變你的人生。真正的改變來自於每天重複新行為，即使只是微行動，也能具有巨大的好處。

在這麼多的練習裡，你也要評估到底哪些對自己較有助益。你可以先找出對自己比較適用，而且在未來的四十天，你也會每天持續練習的技巧。重複的練習對於養成一種新習慣非常重要，一旦養成後就能持續一輩子。

一下子吸收太多方法可能會讓人喘不過氣來，有些人甚至會對心靈成長上癮，不斷利用各種方式鑽研，但卻走偏了方向，不是覺得自己不夠好，就是覺得別人都對不起自己，結果

讓心情更加低落，這完全是誤解了心靈成長的真義。

　　至於我呢，是採取相反的策略，我是慢慢累積練習的項目，但每個技巧都不斷重複練習。沒有必要趕進度，或控制、強迫一定要有所改變，等時間到了，真正的改變就會在不知不覺中發生。

　　做個快樂的學習者吧！你並不需要把每件事情都做到完美，也不需要馬上做到。一次只要做一件事就好，剩下的就交給宇宙去傷腦筋吧！

　　本書撰寫的宗旨並不包括你必須立刻就學會，這是一套自學的課程，你可以按照自己的能力與進度慢慢練習。

　　信任你的直覺，讓你內在的聲音帶領你發掘此時最需要的技巧。

奇蹟訊息

把事情簡化，不要急，慢慢來，做個快樂的學習者。

第 6 章

宇宙

「大自然的秩序，證明宇宙確實有它的建築家。」

——康德，德國哲學家

70

永遠有個更高的力量在指引你

　　你是否曾有過這樣的經驗？在冥想中感受到寧靜，或凝視靜止的湖水時，會有那麼一瞬間，突然感覺到自身和宇宙產生了感應？這些奇妙的時刻，讓我們知道自身是真的存在。

　　在我們日常世界的感知能力之外，還存在著某種既神祕、但令人安心的存在或力量。我們能感覺到它，也相信它的存在，你可能稱祂為神或上帝。現代科學也證實宇宙中確實存在著這樣的能量場。

　　然而，如果我們知道人生中一直都有更高層次的力量在引導著，這樣的人生會有什麼不同呢？

　　針對這個問題，我建議你可以仔細想想，花五分鐘寫下答案，把恐懼和偏執暫拋一邊，盡量發揮天馬行空的創意和想像力。之後，看看你所寫的內容，並調整呼吸，感受一下當你正在閱讀這些內容時心中浮現的感覺。你是產生不信任感，還是你有種直覺，認為「生活本該如此」？當你在看答案時，即使

只產生那麼一點點平靜感，也代表你更貼近真實的自我。

每當我們覺得未來看不到任何希望，總覺得這是老天在懲罰我們時，全心信任宇宙的無限力量就非常重要，因為你的忠誠和信任能為自己帶來學習、成長和療癒的機會。時機越艱困，我們越需要比以往更堅定的信念。

也許你正經歷離婚的煎熬過程，或者需要糾結地做出困難的抉擇，不管碰到何種難題，你都可以從現在就開始相信，有股無形的力量隨時會指引你。一旦你相信這個概念，你將會過著快樂自由的生活，因為你知道，宇宙永遠會在背後支持你。

奇蹟訊息

你的快樂，由你對愛的虔誠度而定。

71

超越受害者心態

　　在二〇一二年，美國桑迪胡克小學發生槍擊案事件，相信大家至今都還記憶猶新吧！

　　當時我正接受為期六十小時的昆達里尼瑜伽老師培訓，周遭都是忠誠的瑜伽成員和老師。當大家聽到這個消息時都非常震驚，當中大部分的人也是為人父母者，我可以從他們的臉上讀出恐懼與哀戚。房間裡一片靜默，有些人還開始哭泣。

　　當時，我們向導師葛木克尋求開示。葛木克導師為昆達里尼瑜伽奉獻已長達四十五年。她深切地對我們說了一句簡短的話，她說：「你們不要成為受害者，而要成為燈塔。」這句話讓我們深受啟發和感動。

　　她這麼說並不是要我們忽略對這件事的感覺，而是引導我們要感受自身的情緒，並藉此超越創傷。

　　葛木克導師帶領我們進行團體禱告，而非枯坐原地哭泣和擔驚受怕。我們圍成一圈坐著，以手肘貼住身體兩側、手掌朝

上的姿勢（如前頁圖），誦唸一句祝禱文：「拉摩達沙沙些索汗（Ra Ma Da Sa Sa Se So Hung）」，它的意思是「太陽、月亮、地球、天空、無限的存在、我的臨在」，也可以解釋為「神性就在我們心中」。這個冥想提醒我們，大家都彼此相關，所有人都是一體的。

這個療癒冥想可以獨自進行，也可以團體一起練習。進行集體冥想時，大家圍坐成一圈，每個人把舉起的手掌朝向兩邊的人，如此會形成「黃金之鍊」，然後一起誦唸「拉摩達沙沙些索汗（Ra Ma Da Sa Sa Se So Hung）」。

在練習時，我們自身就是管道與力量，你能馬上感覺到能量的轉換，以及和宇宙產生的連結。我們會隨著宇宙的頻率一起振動，改變這個世界的磁場波動，達到療癒自己與他人，甚至是療癒全世界的目的。

任何人只要被指引到心靈的道路上，就能為這世界的覺悟做一點改變。記住，這世界需要你的光。

奇蹟訊息

不要詛咒黑暗，要做照亮黑暗的光。

72

每天清除負能量

科學已經證明，世界上任何一種物質的最小組成，就稱為能量。

人類各種不同的意識層次都有相對應的能量指數，能量等級最低的有羞愧、內疚、冷漠、悲傷、恐懼、慾望、憤怒、驕傲……等，中間等級的有勇氣、淡定、主動、寬容、明智、愛、喜悅、平和……等，而開悟、正覺是所有正能量裡最高的一種。

知名的意識能量學宗師大衛‧霍金斯博士就曾遇過，在德蕾莎修女走進屋子裡的一瞬間，在場所有人的心中都充滿幸福，她的出現讓人產生毫無怨恨和雜念的感受。

一般人當然不可能達到這麼高層次的智慧等級，但至少我們可以盡力提升心靈的正能量。正能量就像充滿陽光的心境，能讓人減少過多的欲望，保持心態的平和，並可以與他人分享美好的事物。當你處於高能量的心境時，你的吸引力會增強千

萬倍！

　　不管你是要跟很熟的朋友或是陌生人碰面，在你即將進入一個與其他人分享能量的環境之前，都可以先做下面的練習來清理你的能量場，並提升吸引力。

　　先深吸一口氣，充分擴展橫膈膜。待氣吐出後，讓橫膈膜收縮。在持續進行深呼吸的同時，也清除大腦中的煩惱與壓力，有意識地設定積極目標，對自己說：「我選擇清除我身上的負能量，我選擇找回內在和環繞我周遭的正能量，我想跟全世界分享我的正能量。」

　　將自己轉化為正能量的接收體，除了有助於你和他人產生連結，最大的好處是能產生全新的自我，讓我們變得充滿喜悅與愛。

奇蹟訊息

我相信自己的正能量，能為這世界帶來強而有力的改變。

73

注意看，注意聽，答案一直都在

在你的人生中，會遇到很輕易就可以把你逼瘋的一些人，每次只要你一碰到他們就會開始焦慮。這些人可能是常會帶衰你的童年玩伴，又或是只要跟他們相處超過五分鐘就會想讓你逃之夭夭的主管。但不論這些人有多麼難搞，他們都是你的老師，這些人都是能讓你學習的機會。本書不斷在傳遞一個觀念，就是：每個障礙都是讓你成長的契機。

每當你陷入與人衝突的爭執中時，不要急著自我防衛，或是氣沖沖地急著與人爭辯。你當然有權利生氣，但記住別讓憤怒支配你。

這時，請先做三次深呼吸，然後告訴自己：「我可以從這件事上學到什麼？」利用打開你的覺知，把心思專注在對方引發你產生深層感覺的事物上。如果有什麼事情或感覺被引爆，那就表示有東西需要被療癒。只要有意識地持續關注與辨識想法，成為一個「觀察思考者」，就能讓我們避開負面能量與自

身想法的連結。

　　一旦你能清楚感知到潛藏在怒氣下的真實感受，再給自己一分鐘靜心的時刻，讓你的潛意識對所接收到的訊息保持開放心態。在靜默中，我們能聽到直覺的聲音，它會指引我們洞悉一切，並提供我們方法，去完成需要完成的一切。也許你心中會浮現「放手」、「愛」或「原諒」這些字眼，就相信直覺所告訴你的吧！

　　假設你在那一分鐘裡沒有任何收穫，那麼留意接下來的一整天裡，在你心裡出現的任何想法與念頭，或是生活中的暗示。或許你會聽到一首能釋放怒氣的歌曲，又或者在網路上看到一則讓你非常受用的貼文。

　　在宇宙裡沒有巧合，指引會以各種對我們有效的形式出現，我們只需提出請求，並留心各種徵兆。

奇蹟訊息

用寬恕與愛的力量化解紛爭與歧見，我們能與神一樣具有力量。

74

讓宇宙成為助力，
變成「生命想要你成為」的樣子

　　某次我有幸參加由雅莉安娜‧哈芬登主辦的女性研討會，所有與會者都是美國非常成功的女性，包括企業總裁、知名新聞主播、電影導演、記者等，這些人不但是事業有成的職業婦女，也同時身為人妻與人母。

　　每個人都開誠布公地分享自己如何竭盡所能同時兼顧事業和家庭的做法。但就像所有的大忙人一樣，她們也都處在蠟燭兩頭燒的極大壓力中。

　　然後，接著討論的題目，不但吸引了我的注意，答案更讓我豁然開朗，那就是：我們的確可以在工作、興趣與家庭之間取得平衡，即使身為人妻、人母，也能在職場有亮眼的表現。只是，別太貪心想要一次就全都做到！

　　在這之前我還納悶，怎麼有那麼多職業婦女都像神力女超

人一樣，可以在各方面都有如此傑出的成就，原來答案就在這裡。

這個訊息給了我希望，讓我瞭解到，不論面對事業、家庭，或是任何艱難的狀況，我都可以把焦點先放在當下最重要的事情上，盡全力處理好這件事，而非面面俱到地想同時把每件事都做好。

可能有些人並不太贊同這個想法，他們認為宇宙的資源取之不盡，用之不竭，而宇宙也會隨時回應人們有形與無形的需求，它永遠不會讓這世界欠缺美好的事物。我們值得、也應該立刻就獲得所有想要的事物。

雖然我同意宇宙浩瀚，以及資源充足的這些論點，但是對於「立刻就要得到」的這個說法，我就有些意見了。我相信宇宙會幫助我們，但我不認為宇宙會配合我們的節奏。我也相信，這世界的一切都有巧妙的安排，你不會錯過什麼，也無須刻意等待，時機到了，你就會收到這份禮物。

如果我們獲得指引應該一次只做一件事，那麼就要順勢而為，而非逆向操作。順著生命之流，呼應宇宙的自然律動，去做已在醞釀的事，結果一定會比堅持去做連個譜都還沒有的事要順利。宇宙會安排正確的人來到我們身旁，會擬定對我們有好處的計畫，也會為我們敞開正確的大門。

讓宇宙成為你的助力，就像接受內在導航系統的指引一

樣，引導我們去做對自身最有利的事，而你也會變成「生命想
要你成為」的樣子，這樣不是很好嗎？

奇蹟訊息

你當然值得擁有一切，但你想要的事物不可能一次就全
都到手。

75

上天自有最好的安排

　　貝琪是我私人心靈輔導的客戶。她對於生活中的每個細節都要嚴加掌控，因此她主要的焦慮來源，就是希望每件事都能按部就班，照計畫進行。當她達成一個目標後，她會立刻將注意力又放在下一項需要完成的任務上；若事情不如預期，她便惱怒不已。她這種控制欲過強、太想掌控全局的個性，讓她無法好好體驗生活與享受當下。

　　我告訴她，這種控制欲只是她自己的心理需求，並不能影響事情的發展，這世上有太多事情是不可預知的。我也建議她，找一天，只要一天就好，完全不要嘗試掌控任何事物，別站在自己的角度看問題，也不要別人按照自己的想法行事，或把自己的意志強加在別人身上。

　　如果她又開始為未來感到憂心時，就深呼吸，然後告訴自己：「我要放下，讓宇宙負責處理。」呼吸是讓這個原則發揮作用的關鍵元素，一句箴言可以改變你的心情，但是呼吸卻可

以改變你的人生。一句發人深省的箴言再搭配深長的呼吸，更可以把你紛飛雜亂的思緒清除，瞬間回到當下。

當然，一開始貝琪抗拒這個練習，她深信這樣做必定會造成生活失序與混亂。但等到開始練習後，她便覺察到，其實每件事情都有其發展規律，越努力控制反而會越失控。她不需擔心「萬一……該怎麼辦？」而是該接受現實，因為事情在對的時機自然就會發生。於是，她學會了「徹底接納」，也懂得隨遇而安，並專注在當下（雖然這個當下可能持續不到幾秒鐘）。

她越常做這個練習，就感到越放鬆。現在，她已經能夠很開心地把事情都交給老天去安排，讓每件事情都順勢而為，按照它們本來該有的方式進行。

對於未來會如何，我們無需預設，更不需控制。讓事情自然發展，有時候你會驚訝地發現，或許這才是最好的結局。

放開心胸，讓內心不光只有自己，還要容納身邊其他的人，還有大自然，甚至全宇宙，你的心自然就會變得開闊而深遠，能包容未知的一切。

奇蹟訊息

學會放下，讓宇宙來主導。

76

別落入同理心的陷阱

　　喜歡閱讀心靈或自我成長類型書籍的人，通常會被認為是具有同理心的共感人，要不然也會被認為是高敏感族群。

　　共感人具有「能量敏感」體質，很容易感知他人的能量，體會「成為他人」的感覺，並了解對方的深層情緒。這些人格特質如果用在正確的地方，能產生巨大的影響力。反之，如果使用不當，可能就會淪為災難和痛苦，因為有時他們會難以分辨哪些是自己的情緒，哪些又是別人的情緒。甚至，還可能吸收太多對方的能量而喪失了自我，將彼此的能量混合在一起，承受不屬於自己的負擔。

　　萬事萬物都有能量振動和頻率，隨著振動的變化，共感人也能透過感官體驗到這些改變。如果你自認為是個具有高敏感天賦的共感人，或很容易受負面言辭、新聞或人事物所影響，那麼下面這個概念將會帶給你極大的幫助：我們應該善用這種能理解他人的獨特能力，駕馭這世上因情緒波動所產生的能

量，而非被這些「感同身受」的情緒所拖垮。

這裡有幾種很不錯的方法，能讓同理心正確地運用在療癒功能上，避免因為給予與付出太多，導致負面的消耗，讓你感到空虛、沮喪或沉重。

首先，要了解負面的能量是如何影響你的。把你想到會讓自己能量低下的所有狀況列舉出來，想想有哪些人會導致這樣的情況，然後對自己發誓要自我保護，遠離這些影響。

其次，你可以開始祈禱。我自己就常使用從巴西的精神導師那裡學來很棒的祈禱詞，來護衛自身的能量。你可以向上帝、宇宙等各種至高神靈祈禱，大聲說出（或在心裡默唸）：「感謝你清除我所吸收的所有負能量，也感謝你幫我重拾所失去的正能量。」這句宣言傳送到宇宙後，宇宙便會幫助你的能量免於被干擾或破壞。請記住，你遠比自己所想的更有力量，對於周遭的能量，你永遠可以主動選擇是否要接收。

還有一種很棒的方法，在前面也介紹過幾次，就是無形的「防護光罩」。閉上眼睛，想像有道堅固的光環防護網圍繞並保護著你。當你進入一個「有毒」的能量場中，或是看到、聽到負面能量的人事物時，就運用這個方法，打開你的能量防護網自我保護。

身為一個共感人，一旦你知道如何保護自己，學會如何管理這個天賦，就能運用在正面的事物上，在看似無望的情況下

找到解決方式，喚起世界產生正向的變化。

奇蹟訊息

同理心是種美德，也是種天賦力量，明智地運用它吧！

77

掌握心智狀態的「零思考」

Yogi Bhajan瑜伽大師曾說：「如果你的心智能與你好好相處，是幸福的；如果你的心智還能遵從你的指示，那更是超級幸福。」

當你能主宰你的心智，讓更高層次的「真我」（self）引導你的方向，而不會聽從較低層次的小我時，就能達到傳統瑜伽稱為「空無」（shuniya）的境界。

空無是指心智處於全然靜止的覺知狀態，是種至高的意識境界。它意味著無物，但又並非只是「無物」，而是「沒有東西的狀態」，那是種全然的空，但是那個「空」是存在那裡的，所以它不只是空。

就好比天空是空的，是一個純粹的空間，它除了「它本身」以外什麼都不包含，每一樣東西都可以進入它，也可以離開，但是它仍然保持在那裡，是一種純然的「在」。

只有處在這種空無的「零思考」狀態下，你才會產生「沒

有內容物」的純粹意識。此時，真我呈現全然的靜止，在靜止中力量於焉產生。

我知道「零思考」的概念很難理解，但確實是可以做到的境界。你可以透過以下「掌控心智冥想法」的練習，來掌控心念開關，實現片刻的平靜，擴展內在覺知。

步驟一：輕鬆地坐在地上，背部挺直。

步驟二：用右手大拇指壓住右鼻孔，用左邊鼻孔深深吸氣，然後從嘴巴吐氣。重複進行六次。

步驟三：深深吸氣，十指交握，舉起手臂往上伸直至頭頂，再將手掌翻轉向上，閉氣十到十五秒，同時往上伸展脊柱。

奇蹟訊息

當你學會掌控自己的心智而不再受制於它時，就是真正的幸福。

78

讓生活充滿儀式感

　　我的朋友芭芭拉・比塞尤（Barbara Biziou）非常擅長「儀式」這件事，她做任何事都有一套自己的方法與程序，可說是儀式界的女王。她說：「儀式能賦予我們生活實質內涵和意義，強化日常生活的軌跡，讓人有前進的動力與目標，並導引我們度過困難的過渡期。」

　　而這裡所說的「儀式」，是指平常你會做的一些例行活動，雖然這些活動看來稀鬆平常，但那是屬於你的私人時間，能彰顯你的個人風格，也能讓你有意識地去感覺與珍惜生活。像是在清晨慢跑、帶心愛的寵物散步、下午暫時放下手邊工作給自己五分鐘的空檔靜靜地喝杯咖啡，或是晚餐時與家人或摯友邊用餐邊聊天等。像這樣有意識、不間斷地持續去做些尋常事，都是一種儀式。

　　現代人生活步調匆忙，又活得茫然沒有目標，利用這些看似尋常的儀式，能讓人覺得專注、安心，且產生令人期待又美

好的秩序感。每次我實行芭芭拉教我的日常儀式時，都覺得好像重新充電，彷彿按下了生活中的「更新」按鈕一樣。

在此我分享兩個利用氣味來影響人體能量所進行的儀式，可以很神奇地讓人在瞬間改變心情。

第一個儀式是，當你感覺沮喪、挫敗時，在碗裡搗碎一些黑胡椒粒，然後聞聞它的味道。黑胡椒這種辛香調味料，具有抗憂鬱、激勵人心的效果，能夠馬上幫你化解憤怒、沮喪和煩惱等相關的情緒堵塞，避開不好的波動，建立能量防護網。

你也可以用黑胡椒精油取代，塗抹幾滴於身體，幫助淨化負能量；或以薰香的方式，更新室內能量，磁場將變得清淨愉快，不會匯集不好的氣。

之前我們已經提過很多關於利用冥想達到深層放鬆和寧靜的觀念。在第二個儀式中，是搭配薰衣草氣味的芳香冥想法，在睡前進行特別合適。

步驟一：點一枝具有薰衣草味道的線香，或者在身上擦點純的薰衣草精油。薰衣草的香味除了具有大家熟知的助眠效果外，還能安定並儲存能量。

步驟二：坐在地上或床上，肩膀放鬆，做幾次深呼吸。

步驟三：眼睛直視前方，同時做幾次深呼吸，將大腦放空。

步驟四：閉上眼睛，縮下巴，再深呼吸幾次，想像心中充滿平靜、慈悲的能量，讓這股能量像溫暖而平緩的水般流遍全身，同時卸除那些你為了自我保護所設下的堅固屏障。放開心胸，讓「善」的能量充滿全身。

步驟五：想像你正披著一件隱形斗篷，這件斗篷可以保護你免於負能量的侵害，只有正能量才能進入，你可以安全而自在地向世界敞開心胸。

對儀式不太熟悉的人來說，可能會覺得這些方式聽起來像是巫術。但如果你真想增強自己的能量，可不要小看這個儀式。事實上，科學已經證明，嗅覺對人類大腦有快速而直接的傳遞作用，而氣味能透過改變腦內啡及血清素等內分泌與神經傳導物質的作用，達到安定或提振情緒的目的。

不論你是進行什麼樣的儀式，只要你認真實行，就是你對宇宙承諾你願意轉變和成長，相信我，你的宣示會被聽見的。即使你是個鐵齒的人，只是純粹好奇想試試，一定也會發現神奇的變化。

奇蹟訊息

儀式能夠轉換能量，並對宇宙做出積極的承諾。

79

能量也是種貨幣

在全球經濟不景氣的情況下，許多人都面臨財務困境，或對金錢的匱乏感到恐懼與不安。

當我在二〇一三年為我的著作《通往幸福的奇蹟課程》做巡迴活動時，就有許多讀者向我求助如何才能解決這方面的難題。即便是在經濟大好時，大多數人的思考模式仍圍繞著金錢打轉，窮人一心想致富，富人則想賺更多錢，每個人都沉迷在金錢遊戲中。

如果我們總是汲汲於追求財富，注意力就會只專注在金錢上，而忽略了其他「非金錢」的力量也能達成你的夢想。

想要擺脫對金錢的匱乏和焦慮感，唯一的方式就是改變你對金錢的看法。

你可以從這樣的角度來想：能量也是種貨幣。能量就像金錢一樣，可以給、可以收，可以慷慨捐贈，也可以投資增值。當你的能量非常充裕時，你也會有餘裕接納更多的能量，變得

更富足。許多人認為「缺乏金錢是痛苦的源頭」，其實「你的痛苦才是讓你缺乏金錢的源頭」。

現在的這個練習，就是要幫助大家快速增加可以流通並接收富足的力量。

先說下列祈求富足的禱告詞：「感謝宇宙（或神）協助我重新認識金錢的意義，我知道對於匱乏的想法是來自恐懼。現在我已經準備好要放掉這些恐懼了，也準備要迎接全新且具創造力的富足，我會留意收到的指引。我將遠離財物匱乏的恐懼。」

接下來，進行豐盛冥想。

步驟一：從鼻子深深吸氣，然後從嘴巴吐氣。每次呼吸都要深而長。

步驟二：吸氣時默唸：「我很滿足。」

步驟三：吐氣時默唸：「我知道自己被照顧著。」

步驟四：吸氣時默唸：「我知道富裕就在身邊。」

步驟五：吐氣時默唸：「我要釋放我的金錢恐懼症，迎接奇蹟。」

雖然金錢會增加有形的財富，但它無法填補你內心的空虛，因為追求金錢就代表你正努力用自己外在的事物來填補

它。喜悅只會源於內在，沒有外在的環境能夠創造你的幸福。先用「內在」喜悅裝滿自身的存在，你才能感覺到來自「外在」所體驗到的喜悅。

奇蹟訊息

允許自己敞開胸懷，讓任何形式的富足都能流向你。

80

改善記憶的靈性力量

　　你是否有時候會突然記憶短路，頭腦一片空白想不起任何事情？這可能是壓力過大和資訊超載造成的現象。如果你每天從早到晚都行程滿檔，腦子總是一心多用，同時塞滿工作與家庭中的許多待辦事項，常會忘東忘西，覺得腦筋不靈光也就不足為奇了。

　　想要讓大腦永保活力，並使記憶力不衰退，首要任務就是減輕壓力。在達成此目的的各種方法中，又以靜坐冥想最有效。藉由冥想帶你進入「不思考任何事」的放鬆狀態，能給予轉個不停的大腦休息與恢復的機會。

　　許多昆達里尼瑜伽的冥想法都能強化腦部功能，改善記憶力，其中有個方法的功效特別卓著，此法叫做「柯爾騰・克里亞（Kirtan Kriya）」，這是一種起源於十六世紀北印度的靈修傳統。許多的腦部測試和掃描研究，都證實此法對改善大腦功能有驚人的效果。其中一項研究結果就顯示，測試者在經過

八週一天至少十二分鐘的冥想後，不但精神更清爽，記憶力也提升了百分之五十。

在梵語中，柯爾騰是「歌曲」之意，克里亞則是指一組特定的動作，因此柯爾騰・克里亞就是指「歌唱的冥想」。此瑜伽需唱誦的有四個音，就是在練習24曾提過的Saa Taa Naa Maa，這是具有提升能量的梵咒。

在唱誦這四個聲音的同時，以大拇指輪流按壓食指、中指、無名指、小指（這樣的指法的作用類似數念珠，在下一個心靈練習中會再詳細說明）。當你用大拇指按住某根指頭時，就在潛意識中留下了那根手指所代表的意義。經過這樣重複唱誦與按壓，可以刺激每根手指的經絡，連結到大腦的電磁場。

現在，就開始練習吧！坐在地上或椅子上，上半身挺直，將雙手放在膝蓋上，手掌朝上，開始唱誦Saa Taa Naa Maa，依照下面的步驟依序進行。注意，唱誦時每個音的尾音都要拉長。

步驟一：先大聲唱誦2分鐘。
步驟二：再輕唸2分鐘。
步驟三：靜默4分鐘。
步驟四：輕輕唸2分鐘。
步驟五：再大聲唱誦2分鐘。

柯爾騰・克里亞冥想的完整練習為十二分鐘，不過你也可以先從每天至少進行一分鐘開始。持續練習四十天，能讓你的頭腦再升級。

奇蹟訊息

就像經常運動會讓肌肉變結實，我們也需要透過不斷訓練，讓頭腦保持靈光。

81

讓心固定的念珠冥想法

想要深化冥想的強度有個很棒的工具，那就是念珠。

每串念珠有一百零八顆珠子（不過有時候也可以是五十四顆或二十七顆，或是九的倍數），這些珠子是用絲線串起來，末端會有一顆大珠子（記子留），並繫著流蘇。流蘇代表的是一千朵蓮花瓣。

持念珠冥想是一種普世的修行法門，在基督教、伊斯蘭、印度教與佛教中都可見到。在昆達里尼瑜伽中，此法也與許多可以提升能量的傳統方式相互結合，例如那達瑜伽（誦念神聖的音節，也稱為「唱誦瑜伽」）、寶石能量、指壓和深度冥想靜坐等。

現在，我們先從配合之前教過的誦語Saa Taa Naa Maa開始練習。手持念珠，先從母珠（念珠中最大的那顆）開始，用大拇指把念珠依序從食指撥到中指、無名指與小指，每撥一顆念珠就念一個音節，等到珠子又撥回到母珠時，就針對你的冥

想主題唸一段特別的禱告詞，然後繼續下一回合的誦語。

在念珠於手指間滾動的同時，也會刺激位於每根手指側面第一截到指尖之間的經絡點。以下是每根手指經絡點的作用。

食指：對應木星，代表智慧、知識、富裕。
中指：對應土星，代表耐心。
無名指：對應太陽，代表健康、活力、強健的神經系統。
小指：對應水星，代表溝通、智慧。

運用念珠持咒能夠深化你的靈性覺醒，同時帶動觸覺，當心意專注在唱誦上，也會提升靜坐的時間和品質。現在，就放鬆享受這美妙的時刻吧！

奇蹟訊息

持念珠冥想能更深化靈性覺醒。

82

和宇宙交談

Yogi Bhajan 大師曾說：「祈禱是對上帝說話，而冥想是傾聽上帝。」

當我在青春期對人生的意義感到迷惘時，我會藉由冥想來釋放恐懼，重新找回內心的平靜；在我吸毒成癮期間，也是藉由冥想引導我回到正軌。身為一個靈性癮士（Spirit Junkie），現在我也同樣利用冥想來接收神祇的指引和啟發。

「與神對話」的概念或許對某些人來說很抽象難懂，尤其是對沒有信仰或無神論者來說更是如此。不過，我深信每個人都應該創造一個自己能理解與接受的神祇。我認為神就是存在於一切事物中的愛之神聖力量，在靜坐時，這股愛的力量能指引我們，和我們交流，讓我們能真誠地傾聽來自心中愛的指引。

花些時間冥想，傾聽神對你說的話，將會是你在現今動盪不安的世界中最大的精神支柱。我自己一路走來的生命轉化經

歷，就是最好的證明。我並沒有為了追求靈性修行而遠離現實生活；相反地，我完全接受並融入了這個世界。然而，為了不被外界的複雜紛亂所影響，我們也要透過內在的修行（如：冥想、祈禱等）來保持內心的平靜和智慧。透過這種方式，我們就能被心中的愛所引導，而不是被自我或自我的欲望所驅使。

接下來我要介紹的昆達里尼冥想法，可以加深我們跟神祇之間的交流，並強化自身與內在力量的連結，這是能感受到神存在的冥想法。

步驟一：上半身挺直，輕鬆地坐著。

步驟二：把雙手放在膝蓋上，以大拇指碰觸無名指，其他手指保持直立（如下頁圖）。這稱為太陽手印[25]，此手印能夠增強能量、健康和直覺。

步驟三：以自己的節奏進行深呼吸，透過此冥想法和宇宙建立連結，接受來自內心或宇宙的靈感和指引。

我建議各位在練習時聽「拉克拉坎哈」（Rakhe Rakhan-har）唱誦音樂，藉此保護你免於受到負面能量的干擾。你們可以到我的網站下載這首音樂，或者上網搜尋也能找到免費的

---

25 譯註：Surya Mudra，Surya 為印度教的太陽神。

相關音樂。

　　練習此冥想的理想時間是11分鐘，不過當然也可以隨意做多久都行。如果11分鐘的靜坐對你來說一下子很難做到，那麼就先從一分鐘開始，再逐步增加。

　　我自己就從這種冥想法中獲益良多，它讓我有更強的直

覺，在多工處理事情時能不慌亂，也能清楚感受到我所需要的指引。我會在水星逆行$_{26}$期間練習這個冥想，從占星學來說，在這段時期要進行溝通會比較困難，但藉由冥想，我成功消除了內心的混亂和疑慮，能釐清思緒，也可以明確表達自身的想法和感受。

利用這個冥想法，增強你和宇宙、內心的引導系統，和全世界進行溝通吧！

奇蹟訊息

祈禱是對上帝說話，冥想是傾聽上帝。

---

26 譯註：當地球與水星來到某些相對位置時，從地球的角度來看，水星好像往反方向遠離地球，呈現倒退的樣子。逆行代表該行星所掌管的事情出現異常、混亂的現象，因此當水星逆行時，在水星負責掌管的「溝通」和「交通」方面，容易出現紛擾、錯誤、反覆改變與延遲的現象。

第 7 章

臣服

「祈禱無法改變上帝，但可以改變祈禱者。」

——齊克果，丹麥神學家、哲學家及作家，存在主義之父

83

饒過自己，別再比較了

　　「比較」是個糟糕的壞習慣，每當我們跟他人較量時，便會產生仇視、怨恨、嫉妒和競爭心理，許多痛苦和不平就是由此開始的。當你不斷地與別人比較時，如何能夠平靜？這真是令人筋疲力竭！

　　潛藏在比較想法之下的，是根植於我們心中對自己不滿與缺乏自信的感覺。當我們不自覺地產生想要比別人強或不滿意自己的感覺時，會將之投射在別人身上，那麼我們不是因為自卑而變得愛面子、高傲自大，就是完全相反地陷入自怨自艾的境地。

　　舉例來說，假設你已經單身好一陣子，就會免不了常將自己跟那些有固定伴侶的人做比較，這種競爭的心態會讓你心煩意亂，更強化你自覺有所欠缺，且認為有伴的那些人都比自己厲害的想法。又或者你常與那些事業有成的人或社會名流相比，更會覺得自己似乎樣樣都不如人。

瞭解「比較」這件事會產生惡性循環，是你改變與轉化的第一步。當你察覺到你又不由自主地想與人攀比時，先暫停這種想法，並對自己說：「我在他人身上看到的光芒，是我內在光芒的反射。」

　　你能賞識和欣賞別人的優點，是因為你自己也具備這些優點。每個人都有自己的價值和優點，我們不需透過比較來貶低自己，而要明白我們與他人都共有美好的特質。

　　或許你覺得這種想法太過「新時代」（New Age）了，但還是試試看吧，我就常這樣做，而且也很有效。

　　對於別人擁有自己所欠缺的物品或特質，你可以羨慕、敬佩、讚嘆，或進一步起而效尤，但心生嫉妒或自卑則大可不必。一個人的自信，不是建立在與別人的比較上。當我們放棄從外界獲得能量或評價時，把自己從比較的循環中解放出來，才能活出真正的自己。

奇蹟訊息

當發現自己產生比較心時就誦唸：「我在他人身上看到的光芒，是我內在光芒的反射。」

84

從原諒自己開始練習寬恕

在我所有的書籍、演講和教學中,都會強調某些以F開頭的字的重要性,例如寬恕(Forgive),這是所有靈性教育的根本,也是我們能對過去釋懷,並重新找回愛的方法。寬恕是擺脫困境,並展開更有活力生活的絕佳方式。

當你無法選擇原諒時,會覺得窒礙難行,感到無力、憤怒和怨恨,這些感覺都是低階能量,會妨礙你自癒、成長與過圓滿生活的能力。

寬恕也是由內心而生的,唯有寬恕自己,我們才能寬恕別人,或接受別人的寬恕。《奇蹟課程》中說:「若我寬恕了自己,那麼要原諒你就不是難事,因為如果我能從心裡拔除譴責和愧疚的那根刺,就不難獻給你『寬恕』這個禮物。只要我能看到自己的純潔無罪,便也能看到你的純潔無罪。」

Yogi Bhajan大師曾對學生們說過:「我跟你們之間最大的差別,在於我每天隨時都在練習原諒自己。」大師告訴我們,

要成為心靈的主人，就先從有意識且有目標地練習原諒自己開始。

就像所有的事一樣，寬恕也能習慣成自然。現在就先藉由原諒自己，將寬恕內化為你的習慣吧！每當你察覺自己處在懊悔不已的自責想法中時，就跟著下面的四個步驟進行練習。它可以幫助你為即將練習的更深層寬恕做好準備（見第104個心靈練習），並且體會到真正的自由。

步驟一：觀察攻擊性的想法。
步驟二：在這種不舒服的感覺中呼吸著。
步驟三：用心感受這種不舒服的感覺。
步驟四：告訴自己：「我原諒這種想法。我知道那不是真的。」

奇蹟訊息

寬恕不是偶一為之的行為，而是一種持續的態度。

85

釋放童年所累積的憤怒

在生活中有許多絆住我們無法勇往直前的因素，它們都與從童年時就長期累積的不滿、憤怒或怨恨有關。

這些早期的經歷讓我們產生了負面的自我認知，例如認為自己不值得被愛、自我憎恨，或是個受害者。這些我們自小編造、帶有負面情緒的「故事」，會隨著我們一起成長，並對日後的行為模式造成深遠的影響。我們成年後的精神失衡和不快樂，有很重要的一部分原因是來自童年潛藏的憤怒。

如果我們的人生要持續前行，就得先學會移除這種源於兒時的憤怒，才能通往真正的能量來源之處。

接下來的冥想練習，將會幫助各位釋放童年時期的憤怒，將自我調整至穩定的狀態。

步驟一：以輕鬆的姿勢坐好，雙臂向身體兩側伸展，手掌朝前，以大拇指壓住小指和無名指（小指代表水星，無名指代

表太陽），將食指（代表木星）和中指（代表土星）伸直，指向兩旁（如前頁圖）。

步驟二：現在，要運用比較不一樣的方法呼吸。用嘴巴從緊閉的牙齒中吸氣，然後從鼻子吐氣。這個練習一般建議要做11分鐘，但你也可以先從做1分鐘開始，再慢慢增加。

步驟三：深吸一口氣，然後閉氣10秒。與此同時，繼續伸展脊柱與手臂，然後呼氣。重複步驟二與三的動作兩次。

早晚各練習一次，先練習約四十天。Yogi Bhajan曾說，如果你在晚上練習這個冥想，早上醒來時，你就會發現自己的能量已經改變了。

奇蹟訊息

釋放過去的憤怒，就能在當下重獲自由。

恐懼，會隨想像力成正比

我們常不自覺地陷入負面思維，讓一個念頭又引出另一個念頭，直到這些想法都互相交纏在一起，讓自己陷入混亂狀態，甚至驚恐到產生錯覺。

例如，也許你正煩惱可能會被裁員，這時又剛好看到老闆一臉不悅地走進辦公室，於是你的頭腦就開始不受控地胡思亂想，也在心裡編起情況最糟糕的劇本。你想像老闆可能等一下就會把你叫進辦公室，然後炒你魷魚。接著你腦中又浮現自己雙手捧著一個裝著公司雜物的紙箱，沮喪地離開辦公室的畫面。然後你還會想到有一堆帳單要付，以及得肩負養家活口的責任，諸如此類的，沒完沒了。你將籠罩在恐懼的情緒中，坐立難安。

結果，半小時過去了，剛剛那些混亂的情況就只發生在你的小小腦袋裡，那些恐懼與焦慮都只源自於你的想像。此外，你想過嗎？也許你老闆情緒不佳只是他的私人問題所致，與你

根本毫無關係。

憑空想像出來的恐懼最具傷害性。心理學家曾經估算，我們每天大約會產生六萬個念頭，其中百分之九十五到九十九都是重複的。我們太熟悉一再出現的那些念頭了，例如：我永遠都不夠好、我永遠都沒法完成，我配不上他……等等。

想要重新調整我們的念頭產生的模式，就要先發制人地將之轉換成另一種新的想法，讓自己轉念。這裡要教你一個很棒的方式。

當你察覺到心思又不受控地朝負面方向游移時，請運用我在第3個心靈練習中所說的方法，彈一下手上戴的橡皮筋，將自己從恐懼的惡性循環中喚醒，然後立即尋找積極正向的觀點。不要貪心，一次只要想一個念頭就好，而且要朝更高層次、更具有愛的角度來思考。

以上述的工作狀況為例。當你看到老闆垮著臉而擔心自己會工作不保時，不要陷入恐懼的漩渦，拿出橡皮筋來彈自己一下，轉移注意力。接下來你可以想：雖然我知道老闆心情不好，但他很可能是因為私事而煩惱，我應該傳達正面的能量給他，讓他擺脫煩憂，我相信我的正面態度和積極想法會幫我保住工作。我知道我是個很好的員工，許多人都喜歡跟我相處，我對自己的專業很有信心，別人也都對我深表肯定，我的工作沒問題的，我的心情很平靜，一切都會很好。

你看，這樣處理想法的方式不是比較有建設性嗎？一個轉化想法的小小舉動，就能改變思維，拋開恐懼。

相信思考的力量。只要一分鐘，你就可以放下恐懼，找回無懼的愛。

奇蹟訊息

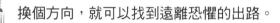

換個方向，就可以找到遠離恐懼的出路。

87

不執著的生活

以前，每當我鑽牛角尖而痛苦煩惱不已時，我的朋友們總是會勸我放下吧。但正如每個人所知的，「說」總比「做」來得簡單。我們常須花費很多力氣，才可能產生放棄的勇氣。

後來，我有好幾年的時間，都會持續對著「神聖三角」練習克服欲望的修行。我的牆上掛了一個木頭製的神聖三角，那是巴西靈療師「上帝約翰[27]」的象徵，三角形的每一邊分別代表勇氣、忠誠和希望。每當我心中產生極度渴望實現的願望時，我會寫張小字條給宇宙，內容是：「感謝宇宙引導我能夠實現＿＿＿＿＿，我將臣服於你的安排，而且相信這個安排會比我所想要的更好。」然後把這張字條放到三角形的中間大約

---

27 譯註：John of God，巴西一位人稱可通靈的「神醫」，三十多年來稱以「神的力量」治療無數身患頑疾的病人，據傳連罹患喉癌的巴西前總統盧拉亦是靠他才痊癒。他的醫治方法獨特，只憑一雙手向病者傳送能量，就能把病治好。

一星期，再把字條燒掉（如果你不方便燒東西，丟到馬桶沖掉也可以）。

我的恩師瑪莉安‧威廉森曾說：「臣服是件困難也是被動的事，卻一點也不軟弱。相反地，靈性的臣服具有強大的力量，能制衡我們的衝動。」寫出內心的欲望，將之放在三角形裡讓宇宙得知，就是這樣的簡單動作，幫助我放下對某些事情的執著，藉由真誠地順服，讓我感覺到心情的喜樂平和，知道每一刻都是最好的安排。

你也可以製作屬於自己的神聖三角，像是利用將鞋盒、珠寶盒稍稍簡單裝飾一下，然後像我一樣，把你的欲望或渴求寫下來放進去。接下來，宇宙就會知道這是怎麼一回事，也會幫你將它搞定。

奇蹟訊息

當我向欲望屈膝時，就是處在祈禱的完美境況，我知道全宇宙將會成為我的後盾。

88

凡事都有最好的解決之道

當一個人凡事順遂時,自然很容易服膺「凡事都有最好的解決之道」這個信念。但是當世界帶給人們磨難,讓人身處逆境中痛苦掙扎時,我們會失去信心,發現更多的問題,或是責怪他人。

我逐漸明白並接受的一個事實是,總會有一種最好的解決方案——即使它可能與我認為的正確解方不同。我的工作就是相信奇蹟,並選擇最好的解決方式。我發現,越是堅持這種觀點,就越能輕鬆度過不適的情況。

我輔導過一位客戶,她和她姐姐因為從小就相互嫉妒、彼此競爭,關係非常不好,她也都長期處在充滿憤怒和防衛的狀態。

然而,後來她逐漸體悟到,雖然她姐姐的確對她很不好,但她對對方也不友善。這麼多年來,她一直在意的是別人對自己做了什麼,卻不在意自己對別人做了什麼。那種「問題不出

在『我』，是『你』才有問題，所以我要設法改變的是『你』。」的執著，才是她們姊妹長期失和的主要原因。

她也發現，心懷怨念這種「自殘」的行為，並不能解決問題，只會摧毀心靈的平靜。只要怒氣存在一天，心情就永遠不會快樂，也會使矛盾和仇恨更加擴大。

於是，我這位客戶改變了心境，她察覺到自己逐漸變得冷靜，在面對往日會讓她暴跳如雷的情況時，也不會如同之前一樣反應激烈。她開始選擇寬恕，並夢想能和她姐姐和平相處，即使對方對她仍是一如先前的冷漠。她讓心靈之門敞開，最終，她不只解決多年來困擾她的問題，獲得了療癒，更讓自己得以成長。

也許你的狀況跟我的客戶不太一樣，更或許你的解決辦法有更明確的方向可以帶來和平。但無論如何，當你正在處理困難的狀況時，秉持「凡事都有最好的解決之道」這個想法，將會協助你保持堅定的信念，扭轉衝突與僵局，進而改變人生。

奇蹟訊息

每個問題，一定都會有最好的解決辦法。

89

當你雙手合十，只要祈求平靜

　　我是那種會在小事上鑽牛角尖的人，比如是否應該更改航班時間或重新安排約會，我會被這種小事煩得發瘋！但當生活中發生重大事件，例如面對重要的工作機會或家庭問題時，我就不再那麼固執或墨守成規，我會選擇「不做選擇」，因為我相信一切都會有最好的安排。

　　我發現要在大事上屈膝、臣服，會比小事來得容易。為何會如此？這是因為理性告訴我們，小事易於掌控，不至於混亂失序，我們會因此而覺得安心。但是當發現事情不可能盡如人願時，那份安心便會轉變成沮喪、無力。

　　因此，我逐漸學到一件事，那就是我不可能掌控所有的事，哪怕只是些枝微末節的瑣事。放棄無謂的堅持，心悅誠服地臣服吧！當我們決定捨棄自身的意志，就是允許比我們更高層次的力量來接管。要做到這點，就透過禱告。

　　Yogi Bhajan 曾說：「當我們彎起雙手禱告時，神就會張開

他的手臂擁抱我們。」《奇蹟課程》裡也提到：「真正祈禱的祕密，就是忘卻你以為自己需要的東西。」一旦我們放棄自己的計畫，就能讓宇宙的指引顯現。祈禱是和宇宙意識的連結，也是和宇宙的心溝通，正面的動機和無所求的禱告能夠將情況重組，讓事情導向對我們更好的狀態。

祈禱看似被動，但其實是非常積極的。我們之所以想要祈禱，就是希望事情能夠產生不一樣的結果，或發生奇妙的轉變。藉由禱告這種有意識專注於放掉控制欲的做法，能讓內心臻於平和，在這樣的狀態下，你就能接收到新的訊息，這就是你企求的指引。

禱告並不需要下跪，或者誦唸宗教的祈禱文，你只需要放掉「自認為的需求」，然後臣服。當你茫然無助、擔憂惶恐或害怕驚懼時，隨時都能祈禱。不過盡量不要在禱告時祈求特定的結果，而應該祈禱自己能獲得平靜，這才是我們真正需要的。

奇蹟訊息

我願意臣服於所有事物。

90

你滿意丟銅板所決定的結果嗎？

在做過第57個心靈練習的肌肉抗力學測試後，面對抉擇時你仍舉棋不定嗎？儘管肌肉測試能幫助你更清楚看待你面臨的選擇或問題，但你可能還需要多學習信任你的直覺力。

如果你是嚴重的懷疑論者，現在要分享的測試法會更適合你。這個方式既簡單又能馬上就得知自己真實的感覺。

當你歷經幾個小時（或幾天、幾週）的猶豫不決、反覆思考、分析之後，這個練習可以讓你獲得解脫，把你從沮喪和無法做決定的泥沼中解救出來，帶你向前邁進。

方法如下。拿一個銅板，心中想著遲遲讓你無法做出決定的兩個選擇，銅板的正反面分別代表一種選擇，然後隨意用任何你喜歡的方法擲出銅板，留意當自己看到銅板擲出哪一面時的反應。對於這個擲出的結果你是感到高興、興奮，或者更害怕、焦慮？這能真實揭示你內心真正想要和不想要的。

當投擲銅板結果出現的那一刻，你心中的感覺是最真實也

是最直接的。有時候我們不知道自己到底希望得到什麼樣的結果，是執行起來比較簡單，或是比較符合其他人的期待，還是你認為比較適合自己的選擇等。我們花了很多時間思考，仍不知道哪個選項最好。這種「擲筊」的方法，不需要你親自做決定，也省卻內心來回反覆推演的掙扎，只要仰賴直覺，就能得知自己的真正需求。

所以，當你陷入兩難時就丟銅板吧！但這並不是要你靠銅板落地後的正反機率幫你做決定，而是丟擲的結果，會讓你意識到自己真正想要的是哪個。或許，在銅板還沒落地前，你心裡已經有答案了

奇蹟訊息

相信你的直覺反應，就能發覺潛藏在懼怕之下的真實面貌。

91

允許自己感受各種負面情緒

　　很多人對於自己一直在迴避內心真實感受這件事毫無知悉，我自己就曾有這種經驗。

　　青少年時期的我和大部分上癮者一樣，利用一些方式來麻痺自己，因為我不快樂，也不知道生命的意義何在，我想盡一切辦法來逃避人生，這些方式可能是談戀愛、工作、毒品、酒精等。時間久了，我便對這些行為上癮，因為清醒面對人生實在太痛苦了，這樣做就不用去面對造成這些癮頭的根本問題所在。

　　然而，一旦我戒除所有的上癮後，我發現之前被忽略的那些情緒全都向我襲來，速度又快又急，雖然我在很短的時間內接收了全部的情緒，但對我來說卻也是很好的治療方式。因為當我允許自己感受這些負面感覺時，便能真正開始自由地生活。我不再需要依靠外在的事物麻痺或壓抑我所害怕的情緒，我知道去感受這些情緒沒什麼好怕的，是安全的。

我的導師洛哈女神[28]教我辨識隱藏在我上癮行為之下的，其實是恐懼和缺乏自信，並學習如何將這些感覺說清楚，講明白。

　　在她的指導下，我可以確切感受到充斥在體內的情緒，並具體描述那些感覺，例如：「像有個小鐵球卡在胃裡一樣」、「上下顎像凍住般非常緊繃」，或是「在胸中轟隆隆地震動」。透過詳細審視與追根究柢地探詢，那些痛苦的情緒本來像是卡在我胸中一團糾結的毛線球，但能具體形容並說出來後，我覺得豁然開朗，心情好多了。

　　洛哈接著教我，每當我心中產生任何感覺時都要留意，只要我靜下心來，去感受那浮現的情緒九十秒，事情自然就會改變。她說的沒錯，每次情緒產生時，當我不再像以前一樣閃躲迴避，而是透過有自覺且誠實地面對，我發現這些情緒自然就會過去、消失了，最後我也從中解脫，重獲自由。

　　接受，讓我產生了力量。

　　只要誠實面對那些一直存在你心裡的情緒，你也可以跟我一樣，從過去的負面模式中掙脫出來。

　　花九十秒深呼吸，並專注感受那些產生的情緒，不要否定它們，也不要試圖把它們推開，就是去純粹地感知。之後觀察

---

28 譯註：Rha Goddess，美國饒舌女歌手。

你的身體、心裡和行為會產生什麼改變。

奇蹟訊息

接受負面情緒也是生活的一部分，只要擁抱、接納，不用與之對抗。

92

心境決定你的處境

本書的每個練習都是為了幫助你重新校準能量，重構想法，這樣宇宙就能重新組織你的生活。

可能你並不完全相信自己的思想和能量能夠創造現實，但如果你認真看待這些原則，你很可能已經正在經歷內心和外在的積極改變。每個轉變都是奇蹟。讓這些微妙的變化，激勵你對自身願望所產生的力量更有信心。

隨著你對思想和能量如何影響生活有了新的認識後，就該開始與宇宙共同創造你的現實了。你越瞭解能量如何運作，就越容易迅速改變你的處境。

例如，有天早上，我跟一位朋友一起搭計程車。我可以感覺到她的能量低落，心情不佳，而且她的沮喪也影響到我了。我關心地詢問她有何心事。她告訴我，工作的壓力讓她感到很疲憊，而夏天的高溫和永遠都做不完的事也讓她焦慮。

我問她是否願意讓我幫她重新調整感覺並轉換心情，她欣

然答應。於是，我協助她把焦點放在自己所擁有的事物上，像是有一份穩定且收入豐厚的工作、有一隻超萌又貼心的米格魯、她租的公寓有良好的採光……等，幫她認清自己是多麼幸運。利用這樣的方式，把今天調整成是「這輩子最棒、最精彩的一天」。不到一分鐘，她就像重新充電般，活力充沛，心情愉快。

後來她傳簡訊告訴我：「感謝妳拯救了我的一天。」我回傳給她：「其實是因為妳認清妳已擁有自己真正渴望的事物。」這句話不只可以用在她身上，也適用於我們每個人。

我們經常只感受到我們想感受的，而忽略了真實的情況。以我朋友的例子來說，其實外在的環境並未改變，天氣還是一樣炎熱，雜事仍然一團忙亂，她也必須上班開會，唯一改變的，是她願意看到快樂而非負面的執念。這就是我所說的奇蹟。

你的思考和能量造就了你的生活，你越明白能量如何帶給你改變，就越容易在短時間內改變心境。把焦點放在感恩上，把思考導向到當下且正面的事物吧！

奇蹟訊息

感恩與感謝，是創造並吸引你生活中渴望的基本要素。

93

做不到的事，就交給宇宙處理吧！

有些人是如此強烈地需要控制每件事，否則他覺得情況將不會依照自己想要的方向發展，因此做任何事之前都必須好好規劃、掌握細節。然而諷刺的是，人們採取的控制行為，無異讓能量處在狂亂、控制欲和恐懼中，這樣的過度執著，反而讓自己被擔憂所控制，不但讓生活癱瘓，也常事與願違。

我們忍不住想要操控所有事情的原因，是因為我們自覺是必須「負責掌控全局」的那個人，除了自己之外，沒有人有能力做這件事。當你對這個想法深信不疑時，就表示你不相信宇宙有無限的能量。

本書許多方法都在教導各位了解並善用始終存在的宇宙能量，這種能量可以經由許願、祈禱、冥想和無私的舉動，進而變成你的力量。承認並相信在這宇宙中還有更高層次的能量，在幫助我們完成想做的事情時，「凡事都必須在掌控中」的欲望自然會消失。然後，就請你專心地透過冥想、祈禱及願力，

提醒自己要有放手的勇氣，然後把所有的一切交給宇宙處理。

不過，我要先聲明，我並非要各位放棄對自己的主宰，而是一旦開始行動後，就不要把結果看得非常嚴重且患得患失。當我們準備好，當整個世界都準備好，時機到了，事情自然就會發生。放下，放手，但仍要設定目標。

奇蹟訊息

要體驗奇蹟，只要放棄想要掌控結果的念頭。

94

擁抱不完美的自己

我見過不少人在追求心靈成長的同時，卻只願意選擇性地開放人生的部分面貌，這樣是不可行的。我們必須願意在所有情況下面對真相，如此才能讓我們變成堅強的人。

我的好友丹尼爾就說過：「或許我們不一定得面對現實，但如果我們想追求靈性生活，就必須面對真實的自己，回到自身進行修行。」

當我們踏上精神之旅的路途時，會更加意識到逃避現實的感受，療癒的本身就是面對我們人生的痛苦。如今，科技的發展使資訊流通更快，隱私和祕密也越來越難以隱藏，真相總是很快就會出現。

現在，回想一下，從你閱讀本書開始到現在，有哪些念頭曾出現在你腦海裡？你又更了解自己哪些部分？還有哪些事情你仍在逃避？把那些你還拒絕面對的事物記下來。或許這些事情會讓你難為情，心跳加速，驚慌失措，但是都沒關係。

真正的放下，是你不再介意被提起。如果你能直接面對，把想拋諸腦後的往事、不堪回首的情緒做最徹底的清理，直到有一天，再也沒有任何事情會引起你的憤怒與不安時，你就過了自己這關。

現在就是立下新心願的最好時機。「擁抱聖人」阿瑪[29]曾說：「如果一顆蛋從外面破裂，那它就毀了。但如果是從裡面破裂，新生命將於焉誕生。」讓自己從內心裡破繭而出吧。為自己立下新的目標，誠實面對那些小我一直想隱瞞的事物，放棄所有的執著、躲避，才能提高心靈層次。

原諒你一直不滿的父母，戒掉各種癮頭，面對黑暗的恐懼，回歸到那個真實且有無限可能的自己吧。

奇蹟訊息

面對事實，不然它終究也會逼你面對。

---

29 譯註：印度的靈性導師，以擁抱的方式祝福並治療人們聞名。

第 8 章

覺醒

「人生最終的價值不只是生存，而在於覺醒和思考的能力。」

——亞里斯多德

95

被愛的同時，也要分享愛

許多人剛來上我的課時，他們對自己的人生並沒什麼目標。然而，他們真正的問題其實並不是他們缺乏目標，而是「忘了」自己真正的目標。

「在被愛的同時，也要把愛分享出去。」這個原則可以幫你找回你真正想要的目標。而幫你們找回目標，就是我們這些奇蹟志工（miracle worker）的任務之一。

《奇蹟課程》教導我們：「奇蹟是愛的自然流露。接收較多關愛的人，就該把愛分享給比較少的人。」學習在被愛的同時也要懂得愛人，不要將別人給予的愛與包容視為理所當然。

在此我介紹一個非常有力的技巧，能幫助你啟動內心的能量，將「幫助他人」視為自己的人生的目標，那就是常誦唸下面這首從《奇蹟課程》裡所摘錄的祈禱詞。

我之所以會在此，是因為我真心想幫助人。

我之所以會在此，是因為神派我來這裡代理祂。

我不需要擔心我應該說什麼或做什麼，因為祂會指引我。

不管祂叫我去哪裡，我都覺得心滿意足，因為祂會與我同在。

我將被療癒，因為祂會教我如何治療。

諾貝爾和平獎得主翁山蘇姬曾說：「當你覺得無助時，就幫助他人吧。」施比受更有福，讓你渴望助人的心，引導你找到自己的道路和目標。

奇蹟訊息

當你覺得無助時，就幫助他人吧！

96

每個人都有自己獨特的光芒

我想很少人會在閒聊時大談自己的豐功偉業吧（如果那個人真有什麼功績的話）！大部分的人，尤其是女性，多半被教導要有謙遜與沉靜的美德。而且很多時候，一個人越鋒芒畢露，收到的負評也越多。

或許你也有過這種太過受人矚目的經驗，因此很容易成為辦公室裡大家注目和議論的焦點，又或是收到虛偽多過於真心的讚美。就是這些負面的經驗，讓我們無法看清自己的成就和內在美。

每個人都有值得驕傲的權利，也有展現自信的能力，接下來的四個訣竅，可以讓你的內在光芒發光發熱。把這些方法融入你的日常生活中吧。

一、內省

世俗會以外在可見的表現與成就來決定一個人成功與否，

例如擁有令人羨慕的職稱頭銜、舉辦一場豪奢的婚禮，或是穿名設計師的衣服（當然尺寸得合身才行）等。但這樣常會讓外界的眼光影響你的價值觀，使人缺乏自信，也遮蔽了你的才華和天賦。

你應該常常提醒自己，一個人的美好並不在於外在表象。當你發覺自己陷入對物欲的執著，或太在意別人批評的聲浪時，就做個簡單的冥想吧！冥想能幫你靜心獨處，並停止心中喋喋不休的雜念。

靜坐一到三分鐘，專注在呼吸上，可以使心情平靜，不受當前的狀況所困擾或刺激，讓你能與自身建立深層次的聯繫，並為展現內在光芒做好準備。

二、表現真實的自我

自我認同是很重要的，即使你有些怪癖，或是獨特的幽默感。

也許一開始這很難做到，我們都知道要做到特立獨行還是需要點勇氣。但就從現在開始，練習勇敢說出心裡的話，別怕表現出脆弱的一面，或勇於提出自己的要求。

你越接受自己真實的個性，就越容易做自己。當你展現真實的自我時，別人也會拋下偽裝的面具，與你更親近。

三、多花些時間在真正喜愛的事物上

當你把心力投注在真心喜歡的事物時，將會綻放出自己獨特的光芒。

也許你喜歡攝影，但是你的相機因為已經好幾個月沒用而布滿了灰塵；也或許你喜歡烹飪，但是你卻忙到連吃飯都快沒時間了，垃圾桶裡滿滿盡是外帶食物的餐盒。

每天或是每週，對自己承諾會抽出一段時間，把所有事情都先暫放一邊，只做自己喜愛的事情。如果你不知道什麼事情可以讓你熱情地全心投入，就想想有哪些事是因為你感興趣，所以做起來會輕鬆自如而樂在其中的。哪怕是像寫日記這樣的簡單小事，又或者是朋友樂於成為你練習新髮型的實驗品。

你擅長的事一定很多，就等著你去發掘。

四、用心發光吧！

每個人一定都具備令人讚嘆的天賦。不要吝於把你的才華和興趣跟他人分享，像是織條圍巾送給熱心助人的鄰居、把你自製的手工藝品照片放上臉書，或是把自己寫的短篇故事寄給朋友閱讀等。這些小舉動既不顯得自大，也不唐突，你只是把自己喜愛的事物跟他人分享，同時也要順便邀請朋友分享他們的才藝與嗜好。

如果你的作品受到稱讚，就真誠地接受並說聲謝謝；反之

亦然。別忘了也要誠摯大方地給予別人讚美。

奇蹟訊息

不要忽視自己與生俱來的光芒，也別忘了邀請別人一起加入發光的行列。

97

奇蹟來自於堅定的信念

在我追求心靈成長的過程中，從《奇蹟課程》裡學到意義非凡的一課，那就是：「只有自己的心靈可以決定我們要接收或付出什麼。」這個觀點提醒我，在任何情況下，我都有選擇感受愛或恐懼的權利。

在每天的修行中，如果我選擇以愛來取代恐懼，最終愛會不請自來。當然，有時候恐懼還是會悄悄爬上心頭，但透過不斷持續努力，最終愛還是會超越恐懼。

隨時隨地記住這個概念：當你面臨恐懼、攻擊、批評和離別時，告訴自己：「我選擇以平和取代『這個（恐懼、攻擊、批評、離別）』」。把這句話當作咒語一樣來唸誦。

不管在任何狀況下，當你選擇以愛來面對，你的潛意識就會連結到更高層次的自我，重新看待目前所處的狀況。只要你願意相信，愛會以超乎想像的方式回應生命。

在問題不是很難處理的狀況下，要達成目標當然簡單；但

如果在困難的時刻也能加以實踐，那麼這個信念將更令我們堅信它是有用的。只要相信這個信念的力量，你將見識到它所產生不可思議的結果。

「相信」本身就是一種力量，這種力量或許就能帶來奇蹟，就像《奇蹟課程》裡說：「奇蹟來自於堅定的信念。」當你還願意懷抱希望，生命才有機會擺脫困境

在任何狀況下都運用這個信念，奇蹟終將發生。

奇蹟訊息

當你心有疑懼時，對自己說：「我選擇以平和取代疑懼」。

98

成功更快樂？先快樂，才可能成功！

　　每年除夕夜，我都會進行一個儀式：我會寫下來年的目標。在過去這兩年我所寫下的願望，都有個共同之處，那就是「我要以『我有多快樂』，來作為成功的衡量標準。」

　　之所以會這樣做，是因為在此之前，我認為如果能承受越多壓力，就代表自己越「耐操」，也會越成功。但顯然我錯了，因為過度努力與長期壓力，讓我的身心俱疲，那時我才明白，壓力不會讓人成功。失去快樂，遑論成功呢？

　　世俗多半以金錢多寡、人際關係是否良好或工作成就的高低作為評斷成功的標準，這樣做比較容易，因為這樣有個能具體判別或量化的依據。

　　能成為人生勝利組固然讓人開心，但畢竟人生總是充滿重重的阻礙與磨難，只有少數人才能成為贏家。或許我們應該換個角度這樣想：如果我們能在經歷的過程中感到快樂，其實就是一種成功。

我的昆達尼里瑜伽老師葛慕克，就是個很好的例子。已經高齡七十歲的她，仍像個小女孩般擁有赤子之心，在每件事、每個人身上都能發現樂趣。不管在任何情況下，她的生活總是充滿愉悅。我從葛慕克老師身上學到了快樂是一種特意的選擇，她努力讓每天都過得平靜。

　　維持愉悅的心境需要隨時隨地不斷地自我提醒，你可以在書桌、鏡子或車子儀表板，任何你每天都看得到的地方貼上「我要以我的快樂程度，作為成功的衡量標準。」這句話的紙條，有自覺地讓自己感到快樂。

　　無論是工作、學習或是生活，除非我們能從中得到樂趣，否則很難達成目標。如果我們能把焦點放在獲得多少滿足與快樂上，會更容易成功。心理學家表示，保持快樂心境的人，會較樂於嘗試新事物和挑戰自我，也更容易成功。

　　當我們嘗試改變時，光靠意志力是不夠的，我們必須在改變中發現樂趣，樂在其中，這樣才能讓我們持之以恆地堅持下去。

奇蹟訊息

　　你有多快樂，就代表你有多成功。

99

提升存在能量，活出最好的自己

我們的身體在面對緊張時，會產生克服和調整壓力的能力，這叫做「調適力」。但是當我們承受過多壓力，會加速刺激腎上腺分泌皮質醇，這種壓力荷爾蒙會「挾持」身體的正常功能，即所謂的「適應負荷」。

當你處在適應負荷的狀態下，生活就會滯礙難行，別人也會不自覺感受到你的負面狀態。為了擁有順利且良好的人際關係和生命體驗，我們必須具備清理能量磁場的技巧。

人的生命就是一個錯綜複雜的能量體，能量的來源就是「存在」這件事。為了進入我們的存在能量中，你可以做做下面名為「獅子爪的火呼吸」冥想練習。沒錯，就是獅子爪！

這個簡單的練習（也稱為行動瑜伽30）可以對你的大腦和磁場（能量場）產生立即的效益。最好每次做九分鐘，但是即

---

30 譯註：Kriya，是轉化、執行、動等意思，是昆達里尼瑜伽重要的瑜伽法。

使只練習一分鐘，也能感受到能量的變化。

下面的說明是根據 Yogi Bhajan 大師所教導的方法，你也可以到我的網站上觀看教學影片。

姿勢：輕鬆地坐在地上，上半身挺直，下巴微往內縮，舌頭頂住上顎。

手印：手指用力張開後略微彎曲（就像獅子的爪子一樣），整個練習過程中，手掌都要保持這樣的緊繃感。

動作：雙臂向外伸展打直，掌心朝上，與地面保持平行。手掌和手指的使力，有益於與腦部相對應區域的健康。手臂的移動，則有助於淋巴液於淋巴系統中的運行，所產生的力道也能改善神經系統。

雙手抬起，越過頭頂後雙臂交叉，手肘彎曲，掌心朝下，然後再將兩手放下，回復至原來伸展於兩側的姿勢。有節奏地重複這個動作。當兩手輪流交替放在頭上時，一次右手放在前方，下一次則換成左手在前。

呼吸：用手臂的運動創造有力的呼吸。手臂伸展於兩側時吸氣，交叉放在頭頂時呼氣。動作配合呼吸能夠促進腦下垂體的功能，同時刺激松果體的分泌機能，增加能安定情緒的 α 腦波。

時間：持續九分鐘（即使只練習一分鐘，效果也會很

好）。

結尾：一、把舌頭伸出來向下，持續十五秒。

二、吸氣，收回舌頭。

三、把手臂調整成六十度，形成弧形圍繞著頭部，手掌仍維持獅爪形朝下，距離頭頂約十五公分。閉氣十五秒。

四、保持手臂的弧形姿勢，呼氣後吸氣。

五、再閉氣三十秒後，讓身體放鬆，手臂放下，把注意力放在心臟的位置，保持自然而和緩的呼吸節奏。唱一首能提振士氣、讓心情愉悅的歌曲，如此持續三到五分鐘。

練習這個冥想，藉此增強你的內在能量，讓你更有自信。我們就是自己存在的證明，存在本身就是力量，這個世界需要你的精力與能量。

奇蹟訊息

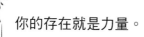

你的存在就是力量。

100

尊重你的承諾

　　我在青少女時期曾是個自私的人，我只關心自己的利益，不信守承諾，答應別人的邀約卻常在事後爽約，也無法貫徹實行計畫。因為這些不良行為，我搞壞了許多人際關係，別人總是對我敬而遠之，因為我是個不值得信賴的人。

　　當我戒酒後，我決定修正我的錯誤行為，盡全力學習守信，讓自己成為更好的人。經過多年努力，現在的我已把誠信當作人際交往的最高指導原則，並且也喜歡以誠待人、言而有信的美好感覺。

　　我能理解失信有時是有合理的藉口，但當它變成常態，就是你需要改變的時候了。以下的練習，能幫助你看清你是如何不懂得尊重自己，以及不重視自己的承諾。

　　把你曾經編造的藉口、擅自更改的計畫，和隨心所欲、毫無章法的生活方式都列出來，然後寫下這些行為對別人造成哪些困擾與影響，最後再書寫你對這些事情的感覺。記住，要誠

實面對自己不信守承諾時的心情。

接著，仔細檢視自己的行為，並進一步探討隱藏在這些行為背後的原因。例如有些人不尊重自己的承諾，或者經常遲到，是因為他們做任何事都以自我為中心。另外，有些人不重視自己的信用，踐踏自己的承諾，進而也反映在他對別人的態度上，像是他們會說謊或輕諾寡信，因而讓人無法信任。

在你認清自己之所以輕易承諾、言而無信的原因後，你可以採取下一步行動。那就是訂定一個你會堅持實行的計畫，將之視為建立新模式的練習。要改變舊有積習最好的辦法，就是有意識地選擇以不同的方式行事。

奇蹟訊息

不懂承諾意義的人，才會輕易許諾。

101

四十天培養一個好習慣

　　現在在你們的心靈寶盒裡已經裝了一百個消除壓力、改變情緒、讓內心平靜的工具，這些萬靈丹能讓你隨時取用。

　　為了讓修練更上層樓，從現在開始，深入練習其中一項技巧，讓這個方法變成你的第二天性般地固著在你的生活中。這種持久而穩定的轉變，需要嚴格的紀律、持久的專注和不斷的重複。

　　記住 Yogi Bhajan 大師說的：「只要願意開始練習，你就成功百分之九十了。」根據這個原則，把所有你學過的技巧都重新審視一遍，找出目前你最需要的，然後全心全意練習。記住，不是選擇最簡單或最方便的技巧，而是專注你目前真正需要的訓練。然後設定目標，在接下來的四十天內每天都要持續練習。如果你這中間因為發懶而中斷，再度練習時就要當成是第一天開始重新計算。

　　為什麼是四十天呢？對於一個新習慣的養成，需要多久的

時間有不同的看法，有人說是二十一天，有人認為是三十天，又或是六十六天。但從瑜伽的角度來說，四十天可以改變你舊有的習慣，讓新習慣與你的生活步調整合在一起。

總之，讓自己完全沉浸在需要的那個練習中，重複的訓練會使你專精於這個技巧，你的轉變將會是永遠的。因為，在這四十天的持續練習中，大腦的神經迴路已經透過不斷地重複而徹底改變，一舉擊潰會阻礙你成長的壞習慣。

如果你覺得有必要更進一步強化意識，就繼續練習下去，不一定只做四十天。Yogi Bhajan 大師也說過，九十天就可以在你的意識和潛意識層中建立並確認這個新的習慣，再往下繼續練習，一百二十天就可以讓新習慣根深柢固，「你」就是新的習慣。如果持續一千天的練習呢？那麼，你將成為這個練習的大師。

我們所有的習慣都是在很小的時候就養成了，有些習慣對你有益，有些則否。藉由四十天、九十天、一百二十天，甚至是一千天的持續練習，你能扭轉已經定型的慣性反應，並養成有益身體的好習慣，讓自己提升，成為更好的人。

奇蹟訊息

養成好習慣，讓自己往更高的層次提升。

102

說真心話是善意的抉擇

我的朋友瑞秋曾度過一段對人心感到失望的沮喪時期。那時，她為了避免和人產生衝突，在大部分的情況下，她都避免坦誠說出內心真實的想法，盡可能壓抑自己的需求、欲望和感覺，以免造成別人的困擾。然而這樣委曲求全、配合他人的方式，讓她覺得筋疲力竭，因而對他人和自己感到不滿。更糟的是，因為她凡事都先照顧別人的需求，而自覺像個受害者，但她忘了一開始造成這樣局面的人就是自己。

為討好別人一味地退讓，並不能阻止自己和他人捲入衝突中，你要學會說出真實的想法，並為自己的需求負責。人與人相處，紛爭是無法避免的，但一旦產生時，你可以用下面的方法優雅處理。

一、認清我們就是傷害自己的共犯

　　我們小心謹慎避免讓人受傷，結果唯一受傷的卻是自己。

如果你總是為了避免爭執發生或平息爭端而處處讓步，但在某種程度上又把自己定位為受害者，在這種情況下，相信你不會意識到這種結果是因為自己的迴避行為所致。誠實檢視並認清這點，然後對因妥協所產生的後果勇於負責，這將有助於你釋放對他人的不滿，並且也能好好關照自己。

二、說出真心話

在關心別人的感覺時，也不要否定自身的感受。現在馬上開始練習說出真心話，盡量坦誠地說出你的需求和想法，這是可以做到的。在「完全誠實」和「同時傳達善意」之間取得平衡是需要技巧的，以善意為出發點，你所收到的回應也會是良善的。

奇蹟訊息

對自己誠實，才能擁有平靜。

103

惹惱你的人，就是你的老師

　　我曾經在租車公司跟一位櫃臺的工作人員發生爭執。她搬出「公司就是這樣規定」的大帽子，執意要依照她的方式辦事，當場給我難堪。

　　基本上，我自認是個親切且講理的人，但面對擺明了「我就是要衝著你來」這樣的挑釁，我的態度就不再像一開始時那麼友善了。我也不是那麼好惹的。我當場拉下臉來，要租車公司的經理出面處理。我在他們辦公室向區經理客訴一個多小時後，原本以為自己抒發不滿情緒後會覺得好過些，但很奇怪地，發洩完反而讓我心情更不好。

　　後來，我仔細想想為什麼會產生這種心中彷彿有塊大石壓著般的不舒服感覺，並試圖了解這背後代表的意義。當我靜下心來，察覺到我的內在聲音告訴我：「我們不喜歡別人的某些特點，正好就是我們否認自己也有的黑暗面。」我對內心傳來的啟示猶如醍醐灌頂，因為這是如此清楚而明確的信息。

我繼續往下探究惹火我的那位員工,究竟反映出我哪些「否認的黑暗面」,我又有哪些特質被隱藏和壓抑了?在思索後我了解到,在我內心深處,其實也希望能掌控所有狀況和結果,而這恰巧也是那位女士表現出來的特質;她先關照自己需要掌控所有事情的需求,再留意我需要哪些服務,然後事情就此變得一發不可收拾。一如《奇蹟課程》裡說的:「『隱藏』這件事不可怕,我們為何隱藏的原因才可怕。」

　　這件事告訴我們,即使是陌生人也能提供讓我們發現自己想方設法竭力隱藏內心陰影的機會。

　　下次當有人激怒你時,與其任由這些人影響你的執念,不如把他們當作是你心靈成長時所需面對的人生課題。記得觀察自己的反應,並給自己一些時間沉澱下來,讓內心的聲音告訴你隱藏在陰影下的情緒與意涵。

　　仔細觀察你的本我,每個人都能成為你最好的老師。

奇蹟訊息

我們不喜歡別人的某些特點,正好就是我們否認自己也具有的黑暗面。

104

寬恕是通向自由的道路

　　在傳統的定義上，「寬恕」是指原諒別人的過錯。但《奇蹟課程》認為，這樣的想法十分自大，自以為是、高高在上地先去定別人的罪再加以赦免，是一種傲慢的行為。《奇蹟課程》所教導的寬恕指出。其實不是別人真的有罪，罪是我們自己投射出去的，罪並非真的存在，而只是幻象。

　　要做到寬恕，我們要把問題帶回真正的源頭，也就是原諒自己把潛意識的恐懼、內疚投射到別人或外界上。這樣，表面上我們好似在寬恕對方是怎樣的人，其實我們是在寬恕自己是個怎樣的人。

　　當你選擇寬恕時，就能接受過去所發生的一切，包括過去對自己和別人所做的任何批判，不再讓它們重回現在和未來的生活裡；同時也放下回擊的念頭，打開心胸擁抱和平。

　　準備好體驗奇妙的經歷了嗎？下面這三個步驟的練習，將會讓你感受到寬恕的力量。

步驟一：寫下你需要寬恕的人（那個人也可以就是你自己）。

步驟二：注意你在寬恕這件事中所扮演的角色與重要性。或許你會發現，長期以來你本來一直認為自己沒錯，但事實上自己也難辭其咎。也或許你會發現自己一直心懷憤恨，或是被困在某一段關係中太久了，以至於無法馬上找出自己的角色或定位，那麼花點時間自問為何會讓自己陷於這種糟糕的狀況。

步驟三：透過祈禱，祈求隱形導師的協助，你可以稱祂為「聖靈」、「上帝」或者「愛」都可以，名字不重要，重要的是你想祈求什麼。

信任一個超越自己的偉大力量介入我們所面臨的狀況，是進入寬恕的重要程序。你的理智無法告訴你如何做到原諒、如何趕走憤怒，把內心的平靜交付給更高的智慧，並且臣服於因為禱告所召喚而來想要寬恕的欲望。

祈禱的時候只要說：「內在導師，我認知到我的憤恨正在傷害我，我不想再被憤恨和依賴所控制，我願意寬恕了，請告訴我該怎麼做吧，謝謝。」

你可以因地制宜將這段祈禱詞改成更適合你的情況。什麼樣的遣詞用字並不是重點，重要的是你想要釋放心中鬱悶、怒氣。

想要過豐足平靜的生活，就必須釋放所有會阻礙你讓愛流過的緊繃情緒。

105

活在不批判的世界

不知你們是否曾經完全不做批判地度過一天？不論是評論別人或自我批判。

批判會讓我們把大部分的精力花在比較和攻擊上，讓人變得孤立、小心眼、多疑。最糟的是，批評會衍生出更多的批判，像雪球一樣越滾越大，這是非常糟糕的惡性循環。

《奇蹟課程》提到：「如果沒有批判，小我就無法存活。」因為批判和比較是小我的伎倆，小我會在我們的意識中，種下「我比別人差」的種子，讓我們以為自己不如人，覺得自己不值得他人的重視與珍愛。小我的詭計也會讓我們以為，唯有把別人比下去，我們才有機會得到愛。

《奇蹟課程》還提到：「小我尋求的是分裂和分離，而精神則傾向於統一與療癒。」批判總是包含著拒絕，當我們批評別人時，會讓我們和他人產生距離，而這種隔閡感會讓我們自覺與眾不同，但也造成人際關係中的阻礙。另一方面當我們自

我批判時，則是暗示自己在某些方面不如人。因此不論是批評別人或是自責，都會讓我們持續困在苦難之中。

願意親近「愛」是改變的契機，而愛是無條件的接納。當你覺察到開始自我批判時，請深呼吸。吸氣時對自己說：「我深愛並接納自己。」吐氣時對自己說：「我釋放對自己與對他人的批判。」正如卡爾・羅傑斯[31]所說的：「奇特的矛盾之處在於，當我完全接納自己時，我就能改變自己了。」

奇蹟訊息

藉由放棄攻擊性的想法，可以擺脫你所感知到的現實世界的束縛。

---

31 譯註：Carl Rogers，人本主義心理學的創始者之一。

106

從心靈徹底脫貧

我們對富裕的感覺都源自於自己的信仰和認知。「性感快樂地富裕」商業學校創辦人瑪莉福利歐曾說：「認真地打掃你對於財富的既定想法和信仰，你就能從裡到外徹底享受財富。」

而在我們通往豐盛富足的路上，有三大障礙必須清除。

第一個障礙是永遠都嫌不夠的匱乏感。有許多人老是被意識層面的匱乏折磨，總覺得不管怎麼努力都不夠富有，對於金錢缺乏強烈的安全感。

第二個障礙就是覺得賺得越多，就代表自己越優越。有些人覺得「比別人窮」就代表「比別人差」，而那些已經家財萬貫的有錢人，又活在擔心失去財富的恐懼中，或是羨慕比他們更富有的人。

第三個障礙就是無法認清世上財富是有限的，只有少數人能成為富豪。

觀察你的想法、能量和行為是如何繞著金錢打轉的。當你察覺到自身對金錢產生恐懼，不管是害怕不足或者不知該如何獲得時，先原諒自己對金錢所產生的慾念。然後，試著轉念。例如當你駐足在精品店的櫥窗前，被眼前那雙誘人的長筒靴所吸引時，馬上換個想法告訴自己說：「我對我已擁有的所有事物感到滿足，我選擇不把焦點放在我缺少的事物上。」

透過這樣簡單的轉念，就能將能量引導到感恩和正面的事物上。或許，下一秒你就會發覺手中的拿鐵咖啡有多麼香醇濃郁，或者想起你是多麼喜歡現在穿的鞋子。

奇蹟訊息

心靈富有，才是真正的富裕。

107

這世界需要你

身為追尋心靈成長的門徒，我相信從某種程度來說，我們都簽署了一份「成為導師」的隱形盟約。當我們的內在覺知不斷加強時，會見證這些覺醒力量帶來的奇妙體驗，我們也會想要把這些奇蹟傳播出去。當我們與他人分享自身的靈性天賦時，內在力量也會隨之成長。

所謂「教學相長」，這句話真是太有道理了！我自己就在傳播《奇蹟課程》的過程中、在心靈成長的覺知中，獲得極大的進步。我學到一旦當你準備好成為老師，學生自然就會出現。我就是這樣。

當我立下志願，要將所學所知分享給其他人時，想要跟我學習的人便紛紛出現，有的是追求靈性的門徒，有些是全家人一同前來，有些則是透過我的演講和影片而向我求教。

當你一直在靈修這條路上努力不懈，成為心靈導師就是水到渠成之事，你不必擔心有沒有學生或有沒有教學的場地，只

要保持謙卑，願意把自己所知來自上天最好的禮物分享給大家，這樣就夠了。

當我想在靈性這條路上獲得更進一步成長時，我的天啟指引我必須分享更多、教導更多人才能達成心願。例如，在學習昆達里尼瑜伽和冥想靜坐之前，我從事靈修教育工作已經長達七年了，但我仍希望可以學得更多、更有智慧，我內心也一直有股強大的聲音，叫我要朝更高境界的修練進行。

很快地，我的祈禱應驗了。一向不喜歡瑜伽的我應好友之邀，參加一個昆達里尼瑜伽的私人課程，因為我的內心有個聲音告訴我：「妳得去上那堂課。」我在那裡遇到了我的老師——古魯沐克，並體驗到昆達里尼瑜伽的神奇。同時我也發現自己不但是個專注的學生，也鐵定能成為無私奉獻的好老師。

學習昆達里尼一個月後，我開始到處告訴我認識的每個人，我要成為昆達里尼瑜伽老師，我真不知道這是從哪冒出來的想法，我想是我的靈性在幫我說話、要我成為老師。在我對著成千上萬的聽眾演講、在我利用推特發布想法時，都是我的靈性在替我發聲。

有天在上某堂昆達里尼瑜伽課時，我聽到我的內在聲音不斷說道：「就是現在，妳已經可以成為老師了。

之後，我的老師看著我說：「嘉柏麗，我一直都在觀察妳，妳的程度已經可以當昆達里尼的老師了。」我微笑地接受這個宇宙賦予我的任務。隔天，我便馬上報名為期兩百七十個小時的昆達里尼瑜伽老師訓練課程。

成為靈修導師並非是我們有意識的選擇，而是我們在潛意識中對宇宙做出的承諾。這不是「我們所做的事」，而是「發生在我們身上的事」。我們每個人都能夠以自己獨特的方式來教學，不一定得是勵志書的作者，或激勵人心的演講者才能成為心靈導師，任何真心想學習靈修、也願意分享的門生都能成為導師。

Yogi Bhajan當初把昆達里尼帶入西方世界時就曾說：「我不是來『收集信徒』，我是來『製造老師』的。」因為這個時代會需要很多很多的老師。他也建議：「如果你想學點什麼就找書來看，想理解事情就要寫下來，如果你想專精某事，就要當老師教導他人。」

你的靈修歷程進行至今，很可能你也察覺到內在聲音在召喚你去當老師，教導更多的人。如果是這樣，不要否認這個想法，也不要因為「我還沒準備好當老師」、「我的程度還不夠格教人家」這些限制性信念而自我抗拒。當你決定分享你的天賦時，靈性自然會幫你把所有需要的事物準備齊全。

當你感覺受到召喚，必須要把自己學到的體悟分享給更多

人時，不要猶豫，趕快行動吧！這個世界需要更多的正面能量。讓自己成為一盞明燈，照亮更多人。

《奇蹟課程》教導我們：「奇蹟就是把我們的一己之力極大化，為這個世界、為他人貢獻更多，那時奇蹟自然就會發生。愛你的鄰居就如同愛自己般，你也會同時體會到自己和鄰居的價值。」我們需要更多的奇蹟工作者來平衡這個時代的精神能量，我們需要你。

奇蹟訊息

好好考慮成為一位老師，千萬不要小看你能對這個世界做出的貢獻。

打開你的內在力量

透過本書的內容，各位已經學會許多技巧，足以應付日常生活中的各種難關，消除壓力造成的問題，同時還能幫助其他有需要的人。你的生活變得從容自在、平靜，也不再感到恐懼，這不正是奇蹟嗎？

不過，還是免不了會有許多自我懷疑或缺乏自信的時刻，你會有來自外在的反對阻力，在內心也會有諸多糾結，這些都是你對「相信愛」這件事的障礙。

這些阻礙可能令你沮喪，也可能提升你的層次，就看你如何看待它們。如果你以「奇蹟心態」面對，那麼這些障礙都是幫助你成長的機會。心靈導師和療癒師的指引能幫你強化心靈奇蹟的能量，但是真正的指引還是來自你的內心。你就是自己的上師，只要你繼續相信你的內在指引系統，就能走在正確的道路上。

如果你能帶出內在的東西，它們將會拯救你；若不活出你

的內在，它們必將毀滅你。練習本書中的技巧，將是放下過往的恐懼，重新找回真愛的旅程，你的心中將只有愛而不會有其他雜音。

在未來的人生中，把這本書當作是你的指導書，每當你陷入困境中，就拿出本書隨意翻開一頁，練習那頁的方法。相信你翻到的頁面會反映你當時正需要的內容，相信你內在力量的指引將會解決你的困境。

相信你擁有所有問題的答案、資源和知識，這些就是你這輩子需要的所有能力。

釋放你的內在力量，現在就開始吧……

奇蹟訊息

指引在你心中，你就是自己的上師。

作者簡介　**嘉柏麗・伯恩斯坦（Gabrielle Bernstein）**

　　《紐約時報》暢銷作家，美國知名生命教練，《奇蹟課程》講師，並創辦協助女性觀眾尋找良師益友的社群網站「她的未來」（HerFuture.com）。

　　《紐約時報》盛讚她為「下一個世代的精神導師」，歐普拉稱她為「新時代靈性運動的領袖」。

　　曾榮登《富比世》雜誌二十大名女人排行榜，被美國知名社群網站Mashable評為「Twitter上一定要追隨的十一位生命啟發者」之一。也常應各電子與平面媒體之邀，擔任來賓或書寫專欄，包括：歐普拉廣播頻道、NBC電視台的〈每日秀〉、紐約時報、週日泰晤士報、ELLE雜誌、美麗佳人雜誌、魅力雜誌（Glamour）等。

　　著有《那一天，我放手愛自己》、《通往幸福的奇蹟課程》、《讓生命擁有更多內在指引》等書。

　　網站：www.gabbyb.tv

譯者簡介　**汪春沂**

　　資深媒體人，在平面與電子媒體深耕多年。曾任出版社總編輯，現為專職文字工作者。

　　譯著包括：《你相信，所以你成功》、《大人的幸福學》。

用願力召喚奇蹟：打開你的內在力量,喚醒生命能量的108個心靈練習 / 嘉柏麗‧伯恩斯坦(Gabrielle Bernstein)著；汪春沂 譯. -- 二版. -- 臺北市：時報文化出版企業股份有限公司, 2024.07

　　面；　公分. --（人生顧問；CF00531）

譯自：Miracles now : 108 life-changing tools for less stress, more flow, and finding your true purpose

ISBN 978-626-396-447-1（平裝）

1. CST: 自我實現　2. CST: 靈修

177.2　　　　　　　　　　　　　　　　　　　　　　　113008380

時報文化出版公司成立於一九七五年，並於一九九九年股票上櫃公開發行，於二〇〇八年脫離中時集團非屬旺中，以「尊重智慧與創意的文化事業」為信念。

人生顧問CF00531

用願力召喚奇蹟：

打開你的內在力量，喚醒生命能量的108個心靈練習【願望成真版】

作者　嘉柏麗‧伯恩斯坦｜譯者　汪春沂｜主編　郭香君｜責任企劃　張瑋之｜特約編輯　汪春沂｜封面設計　莊謹銘｜內頁排版　新鑫電腦排版工作室｜總編輯　胡金倫｜董事長　趙政岷｜出版者　時報文化出版企業股份有限公司　108019台北市和平西路三段240號7樓｜發行專線—(02)2306-6842｜讀者服務專線—0800-231-705‧(02)2304-7103｜讀者服務傳真—(02)2304-6858｜郵撥—19344724時報文化出版公司｜信箱—10899 臺北華江橋郵局第99信箱｜時報悅讀網—http://www.readingtimes.com.tw｜綠活線臉書　https://www.facebook.com/readingtimesgreenlife｜法律顧問　理律法律事務所　陳長文律師、李念祖律師｜印刷　家佑印刷有限公司｜初版一刷　2016年6月17日｜二版一刷　2024年7月19日｜定價　新台幣420元｜版權所有　翻印必究（缺頁或破損的書，請寄回更換）